IMPARARE L'INGLESE

Corso completo 3 libri in 1: Grammatica ed esercizi - Vocabolario con 3600 parole, frasi e dialoghi - 10 racconti in inglese con traduzioni. Da zero a esperto in poche settimane.

Elena Goldsmith

INDICE

INTRODUZIONE

Quante volte ti sei sentito dire che al giorno d'oggi è necessario conoscere la lingua inglese? Immagino fin troppe, ma come dargli torto?
L'inglese è una sorta di passepartout che permette di aprire tutte le porte della comunicazione e conoscere questa lingua significa essere liberi di esprimersi con la maggior parte delle persone sul pianeta.
"Imparare l'inglese – Il corso completo" nasce dall'unione di tre libri in uno. La prima sezione è interamente dedicata alle nozioni fondamentali di grammatica e ti permetterà di apprendere le basi della lingua, o anche semplicemente di rinfrescare la memoria, e di mettere a prova le tue conoscenze con gli esercizi.
La seconda sezione consiste in un vocabolario con oltre 3600 parole fra le più usate in inglese, e di conseguenza le più utili da conoscere, suddivise in categorie tematiche e seguite da numerosissime frasi-esempio e frasi utili da conoscere per le più svariate situazioni di vita reali. Lo sai che 3.000 parole corrispondono all'80% della lingua che un anglofono ascolta o vede ogni giorno? Il vocabolario contenuto in questo manuale ti permetterà quindi di padroneggiare notevolmente la lingua e cavartela in moltissimi contesti.
La terza parte del libro consiste in una raccolta di dieci racconti in inglese, con traduzioni in italiano parallele e un vocabolario finale contenente i termini più importanti dei racconti. Leggere in inglese è fra i migliori metodi per apprendere la lingua in modo spontaneo, facile e anche divertente, perché potrai intrattenerti con storie simpatiche e avvincenti mentre impari tanti nuovi vocaboli, modi di dire e strutture grammaticali senza nemmeno farci caso.
Iniziamo!

PS: Scarica la guida gratuita "Come imparare una lingua straniera in 6 mesi": un piccolo manuale Step-by-Step che ti insegnerà il metodo scientifico per apprendere qualsiasi lingua partendo (anche) da zero fino ad un livello avanzato.
Scannerizza il codice QR qui sotto per scaricarla!

GRAMMATICA BASE

I pronomi personali soggetto e complemento

In inglese i pronomi personali soggetto e complemento si riferiscono a cose, animali o oggetti.

Pronomi soggetto	Pronomi complemento
I (Io)	ME (Me)
YOU (Tu)	YOU (Te)
HE / SHE / IT (Egli/ Ella/ Esso)	HIM / HER / IT (Lui, gli, lo / Lei, le, la)
WE (Noi)	US (Ci, Noi)
YOU (Voi)	YOU (Vi, Voi)
THEY (Essi)	THEM (Loro)

I **pronomi soggetto** hanno appunto il ruolo del soggetto e si usano in sostituzione del nome, per identificare chi o che cosa compie l'azione. I **pronomi complemento** invece hanno una funzione di complemento diretto (non preceduti da preposizione) o indiretto (preceduti da preposizione) e si usano per indicare chi o cosa subisce l'azione.
Un esempio di pronome soggetto è "I", che significa "Io". In inglese viene sempre scritto maiuscolo, anche quando non si trova all'inizio di una frase (*Not that I know* = Non che io sappia).

Dalla tabella notiamo anche che il pronome soggetto di seconda persona singolare e quello di seconda plurale (tu e voi in italiano) è uguale in inglese. Come capiremo se stiamo parlando di "tu" o di "voi" quando troviamo un pronome soggetto "you" in inglese quindi? Dal contesto!
Per quanto riguarda i pronomi soggetto di terza persona singolare (He, She, It), ricordiamo che He (lui, egli) è utilizzato per persone di genere maschile, She per persone di genere femminile, ed It per genere neutro, che in inglese comprende le cose e gli animali.

I pronomi complemento hanno la funzione di complemento diretto, ovvero complemento oggetto, ad esempio: "Io vedo lui" = I see him. In questo caso "I" è un pronome soggetto, mentre "him" è un pronome complemento (lui). Inoltre, hanno anche la funzione di complemento indiretto, quando preceduti da una preposizione "Io vado con lui" = I go with him.
Diversamente da quanto accade in italiano, in inglese non esiste il pronome di cortesia "lei". Quando parliamo in inglese con un anziano, uno sconosciuto, un professore, utilizzeremo quindi "you".

Gli articoli determinativi ed indeterminativi

Gli articoli determinativi fanno riferimento a qualcosa che conosciamo già o che è già stato nominato nel discorso, oppure per riferirsi ad una persona o ad un oggetto specifico.
L'articolo determinativo in inglese è "**the**", e rimane invariato in genere e numero. Questo significa che se dobbiamo dire "il ragazzo", "la ragazza", "i ragazzi" o "le ragazze", utilizzeremo sempre "the" e cambieremo solo il nome al femminile, maschile, singolare o plurale: "**the** boy", "**the** girl", "**the** boys", "**the** girls". Facile, vero?

Gli articoli indeterminativi **a** ed **an** si riferiscono a qualcosa di generico o non conosciuto, al singolare.
Utilizzeremo **a** davanti a parole che iniziano per suono consonante, e **an** davanti a parole che iniziano per suono vocale: **a** book (un libro), **an** apple (una mela).

Esercizio 1

Aggiungi l'articolo determinativo o indeterminativo corretto.

1. *Il* cane sta giocando -> _____ dog is playing.
2. Mi serve *una* penna -> I need _____ pen.
3. *La* scrivania è nuova -> _____ desk is new.
4. Quello è *un* fungo -> That is _____ mushroom.

(Le soluzioni degli esercizi si trovano a pagina 51)

Singolare e plurale

Nonostante la regola generale per formare il plurale in inglese sia quella di aggiungere una "s" alla fine della parola, ci sono molte eccezioni che vanno ricordate.

Eccole riassunte qui sotto:

Regola generale	-s	Apple - Apples
Parole che terminano in: -s, -ss, -ch, -sh, -x, -z, -o.	-es	Boss - Bosses Watch - watches Hero - heroes
Parole di origine straniera terminanti in -o, in -o precedute da vocale e nomi propri terminanti in -o.	-s	Kilo - Kilos Video - videos
Parole terminanti in y -precedute da vocale: -precedute da consonante:	 -s -ies	 Day - days City - cities
Alcuni sostantivi terminanti in -f -fe	-ves	Half - halves, Knife - knives

Ci sono poi dei *plurali irregolari*, che vanno studiati a memoria.

Questi sono i più comuni:

Man (uomo) - Men (uomini)
Woman (donna) - Women (donne)
Child (bambino) - Children (bambini)
Person (persona) - People (persone)
Tooth (dente) - Teeth (denti)
Foot (piede) - Feet (piedi)
Fish (pesce) - Fish (pesci)
Sheep (pecora) - Sheep (pecore)
Mouse (topo) – Mice (topi)
Goose (oca) – Geese (oche)

Esercizio 2

Trasforma le seguenti parole al plurale

1. Book → ____________
2. Flower → ____________
3. Beach → ____________
4. Photo → ____________
5. Lady → ____________
6. Student → ____________
7. Child → ____________
8. Leaf → ____________
9. Woman → ____________

Verbi ausiliari

Gli ausiliari inglesi sono:

To be (essere);

To have (avere): ha funzione ausiliare solamente quando seguito da got, o è ausiliare di un tempo composto (present perfect e past perfect);

Will (futuro);

Shall (futuro);

Can, May, Must (verbi modali di potere/dovere);

Do/Did: hanno funzione ausiliare nelle forme interrogative e negative del Simple Present e del Simple Past.

Il presente indicativo del verbo essere - To Be

Ecco qui sotto il verbo essere in forma affermativa in inglese e la sua corrispondenza in italiano:

Inglese	Italiano
I am	io sono
You are	tu sei
He is / She is / It is	lui è / lei è / esso è
We are	noi siamo
You are	voi siete
They are	loro sono

Come vediamo, utilizzeremo sempre "are" tranne per la prima persona singolare "I **am**" e per la terza persona singolare "He/She/It **is**". Come faremo allora a sapere chi è il soggetto? Semplice, in inglese il soggetto va sempre espresso, a differenza dell'italiano in cui possiamo dire "*Vado a correre*", e non serve specificare "**Io** vado a correre". In inglese diremo "I go for a run" in quanto se dicessimo solo "go for a run" non sapremmo di chi stiamo parlando. Vediamo a pagina successiva come si formano le altre strutture, ovvero la forma negativa, interrogativa, ed interrogativo/negativa.

AFFERMATIVA	NEGATIVA	INTERROGATIVA	INTERROGATIVA-NEGATIVA
I am *Io sono*	I am not *Io non sono*	Am I? *Sono io?*	Aren't I? *Non sono io?*
You are *Tu sei*	You are not *Tu non sei*	Are you? *Sei tu?*	Aren't you? *Non sei tu?*
He is *Lui è*	He is not *Lui non è*	Is he? *É lui?*	Isn't he? *Non è lui?*
She is *Lei è*	She is not *Lei non è*	Is she? *É lei?*	Isn't she? *Non è lei?*
It is *Esso è*	It is not *Esso non è*	Is it? *È esso?*	Isn't it? *Non è esso?*
We are *Noi siamo*	We are not *Noi non siamo*	Are we? *Siamo noi?*	Aren't we? *Non siamo noi?*
You are *Voi siete*	You are not *Voi non siete*	Are you? *Siete voi?*	Aren't you? *Non siete voi?*
They are *Essi sono*	They are not *Essi non sono*	Are they? *Sono essi?*	Aren't they? *Non sono essi?*

Possiamo ricorrere alla cosiddetta "forma breve" soprattutto nel parlato:
I'm, You're, He's, She's, It's, We're, You're, They're.
Le risposte brevi saranno formulate in questo modo: Yes + pronome soggetto + verbo, oppure No + pronome soggetto + verbo + not.
Yes, I am / No, I am not.
Yes, they are / No, they are not.

Esercizio 3

Completa le frasi con il verbo to be al presente indicativo. Usa la forma contratta quando possibile.

1. Billie è americano. → Billie _____ American.
2. Piacere, suono Giorgia. → Nice to meet you, _____Giorgia.
3. I bambini sono stanchi. → The children _____ tired.
4. Dove sei? → Where _____ you?
5. La tua maglietta è nuova? → _____ your t-shirt new?
6. I miei genitori non sono a casa. → My parents _____ at home.
7. Siamo ancora in stazione. Siamo in ritardo! → We_____ still at the station. We _____ late!
8. Tua sorella è simpatica. → Your sister _____ nice.
9. Sono di Roma. → _____ from Rome.
10. Praga è in Ungheria? - No, è in Repubblica Ceca. → _____ Prague in Hungary? - No, it_____ in the Czech Republic.

C'è / Ci sono: There is / There are

Ora che sappiamo utilizzare il verbo essere, possiamo imparare a dire "c'è / ci sono". In inglese questa espressione si traduce con **there is** e **there are.**

Forma affermativa

Si usa **there is** se il sostantivo è singolare

There is a dog in my garden (C'è un cane nel mio giardino)

Si usa **there are** se il sostantivo è plurale

There are two dogs in my garden (Ci sono due cani nel mio giardino)

Forma negativa

La forma negativa si forma aggiungendo **not** dopo **there is** o **there are**:

There is not a dog in my garden (Non c'è un cane nel mio giardino)
Possiamo anche contrarre, soprattutto nella forma parlata, e dire "There isn't" e "There aren't".

Forma interrogativa

La forma interrogativa si forma mettendo **is / are** davanti a **there**.

Is there a dog in my garden? Yes, there is / No, there isn't
Are there two dogs in my garden? Yes, there are / No, there aren't.

Espressioni interrogative

Le espressioni interrogative si usano per introdurre domande.

Who...? (Chi?)	Who is she? = Chi è lei?
What...? (Che cosa/ quale?) What + sostantivo ...? (Di che?)	What's your name? = Qual è il tuo nome? What nationality is he? = Di che nazionalità è?
Where...? (Dove?)	Where are you from? = Di dove sei?
Why...? (Perché?)	Why are you late? = Perché sei in ritardo?
Whose...? (Di chi?)	Whose is this pen? = Di chi è questa penna?
When...? (Quando?)	When is your birthday? = Quando è il tuo compleanno?
How...? (Come?)	How are you? = Come stai?

Esercizio 4

Completa le domande con l'espressione interrogativa corretta.

1. Dove sono le mie chiavi? → _______ are my keys?
2. Perché sei triste? → _______ are you sad?
3. Chi è quel ragazzo? → _______ is that boy?
4. Quando sei libera? → _______ are you free?
5. Di che colore sono i suoi capelli? → _______ colour is her hair?
6. Di chi è quel cappotto? → _______ is that coat?
7. Come sai il mio nome? → _______ do you know my name?
8. Qual è la tua materia preferita? → _______ is your favourite subject?

Il presente indicativo del verbo avere - to have got

Vediamo ora la costruzione delle diverse forme del verbo "avere" - to have got.

Affermativa		**Interrogativa**		
I/you/we/they	Have got	have	I/you/we/they	got?
He/she/it	Has got	has	He/she/it	got?
Negativa		**Interrogativo-negativa**		
I/you/we/they	Have not got	Haven't	I/you/we/they	got?
He/she/it	Has not got	Hasn't	He/she/it	got?

I have got / I've got a new friend. (Ho un nuovo amico)
He hasn't got a dog. (Lui non ha un cane)
Has he got a dog? (Lui ha un cane?)
Haven't you got a dog? (Tu non hai un cane?)

Al posto del verbo **have got** si può usare anche il verbo **have** con lo stesso significato.

I have a beautiful house = Ho una bella casa

Do you have an appointment? = Hai un appuntamento?

Have got si usa solo al tempo presente, negli altri tempi si usa solo il verbo have.

Did you have a pet when you were little? = Avevi un cane quando eri piccolo?

Il verbo have si usa anche in molte espressioni idiomatiche in cui assume diversi significati, per esempio:

to have a shower = fare una doccia

to have a bath = fare un bagno

to have a lesson = prendere una lezione

to have breakfast/ lunch/ dinner = fare colazione/ pranzare/ cenare

to have a meal/ a drink = fare un pasto/ bere qualcosa

Esercizio 5

Completa le frasi con la forma corretta del verbo "to have got" al presente indicativo.

1. Laura ha due conigli. → Laura _______ two rabbits.
2. Hai un cellulare nuovo? - No, non ce l'ho. → _____ you _____ a new cellphone? - No, I _____.
3. Giovanni ha una bicicletta. → Giovanni _______ a bicycle.
4. I miei amici non hanno il biglietto. → My friends ______ the ticket.
5. I tuoi genitori hanno una macchina? - Sì, ce l'hanno. → ____ your parents ____ a car? - Yes, they _____.

L'infinito

"Essere o non essere?", diceva Amleto. In inglese: "To be or not to be?". L'infinito in inglese si forma con "to" seguito dalla forma base del verbo, ad esempio:

To be (essere)
To work (lavorare)
To run (correre)

I want **to run** = Io voglio correre.

I prefer **to work** = Io preferisco lavorare.

La forma negativa si forma aggiungendo *not* prima dell'infinito.

I prefer **not to work** = Io preferisco non lavorare.

Present simple

Il Simple present è, come dice il nome, semplice!
Viene infatti costruito per tutte le persone tranne la terza singolare con l'infinito senza il "to".
Nella terza persona singolare aggiungeremo una -s:

I work
You work
He/She/It works

We work
You work
They work

Il simple present viene utilizzato per esprimere azioni abituali o ricorrenti, e verità permanenti:
I go to school every day (Vado a scuola ogni giorno)
Water freezes at 0 degrees (L'acqua ghiaccia a zero gradi).

Variazioni alla terza persona

Proprio come accade nella formazione del plurale, per alcuni verbi terminanti in certe lettere non basta aggiungere la "s". Vediamo le eccezioni:
Per verbi terminanti in: **-s, -ss, -ch, -sh, -r, -z, -o** aggiungiamo **-es:**

He go**es** to school / She watch**es** football

Per verbi terminanti in -y preceduta da consonante, togliamo la y ed aggiungiamo **ies:**

To fly
The plane fl**ies** in the sky. (L'aereo vola nel cielo)

I verbi terminanti in **-y preceduta da vocale** seguono la regola generale.

He always plays with my brother (Lui gioca sempre con mio fratello).

Il present simple interrogativo, negativo ed interrogativo-negativo

Vediamo come costruire le forme negative, interrogative ed interrogativo-negative del simple present.
Dovremo utilizzare il verbo ausiliare "to do", ecco qui la coniugazione.

I **do**

You **do**

He/She/It **does**

We **do**

You **do**

They **do**

"To do" significa "fare" ma viene appunto utilizzato in inglese come verbo ausiliare, ovvero per aiutare nella costruzione di alcune forme verbali.
Nel simple present, lo utilizzeremo per costruire le forme negative, interrogative ed interrogativo/negative.

Negativa

La forma negativa si forma in questo modo:
Soggetto + do/does + not + infinito senza "to"

I do not work (Io non lavoro)
He does not run (Lui non corre)

Interrogativa

La forma interrogativa si forma in questo modo:
Do/Does + soggetto + infinito senza to + ?

Do they work?
Does he run?

Risposta breve / Short answer

Le risposte brevi si formano in questo modo:
Yes, + pronome soggetto + do/does

No, + pronome soggetto + don't / doesn't.

Does he work? Yes, he does. No, he doesn't.
Do they run? Yes, they do. No, they don't.

Esercizio 6

Completa le frasi con la forma corretta dei verbi tra parentesi al present simple.

1. Giuglia non lavora nei fine settimana. → Giulia ______ (to work) on the weekends.
2. Ti mancano i tuoi amici? - Sì. → Do you ______ (to miss) your friends? - Yes, I ______.
3. Marco studia molto. → Marco ______ (to study) a lot.
4. Charlotte suona il pianoforte il lunedì. → Charlotte ______ (to play) the piano on Mondays.
5. My grandparents ______ (to come) from Canada. → I miei nonni provengono dal Canada.

Present continuous

Il **present continuous** viene utilizzato per esprimere un'azione in fase di svolgimento nel momento in cui si parla, oppure un'azione programmata per il futuro.
Si costruisce con il simple present del verbo **be** + forma in **-ing** del verbo principale.

*I **am** read**ing** = Io sto leggendo*

*He's not work**ing** now = Non sta lavorando al momento*

***Is** she leav**ing** now? = Lei se ne sta andando adesso? / Yes, she is.*

*Anna and Paolo **are** gett**ing** married on June 7th = Anna e Paolo si sposeranno il 7 giugno.*

Attenzione! I verbi che terminano in "**e**" muta (live, give) perdono la "e" per aggiungere -ing:

Live —> Living
Give—>Giving
Ad eccezione di See —> seeing

Esercizio 7

Completa le frasi con la forma corretta dei verbi tra parentesi al present continuous.

1. Non disturbarla. Sta facendo i compiti in questo momento. → Don't disturb her. She ________ (to do) her homework right now.
2. Il bambino sta dormendo? - Sì. → ___ the baby _______(to sleep)? - Yes, he ___.
3. Stefania sta lavorando ad un progetto importante in queste settimane. → Stefania ________ (to work) on an important project in these weeks.
4. L'acqua sta bollendo. → The water ________(to boil).
5. Giulio sta imparando lo spagnolo. → Giulio ________(to learn) Spanish.
6. Andiamo al cinema questo weekend. → We ________(to go) to the cinema this weekend.

Present Perfect

Il present perfect simple è paragonabile al Passato Prossimo italiano e viene utilizzato in inglese per parlare di azioni accadute recentemente e/o che hanno effetti o ripercussioni sul tempo presente. Inoltre, viene anche impiegato per parlare di azioni avvenute nel passato, senza specificare quando, e di cose o esperienze che si sono verificate in qualche momento della nostra vita.
Vediamo come si forma il Present Perfect Simple ed alcuni esempi.

Forma affermativa

soggetto + has/have + participio passato
I have cooked lunch! = Ho cucinato il pranzo!

Forma negativa

I/you/we/they + have not (haven't) + participio passato
He/she/it has not (hasn't) + participio passato
He hasn't been to Africa = Lui non è mai stato in Africa

Forma interrogativa

Have + I/you/we/they + participio passato
Has + he/she/it + participio passato
Have you seen the lions in Africa? = Hai visto i leoni in Africa?

Esercizio 8

Completa le frasi con la forma corretta dei verbi tra parentesi al present perfect.

1. Vivo a Londra da cinque anni. → I ________(to live) in London for five years.
2. Siamo andati al ristorante due volte questa settimana. → We ________(to go) to the restaurant twice this week.
3. Cathy ha appena finito la maratona. → Cathy ____ just ______(to finish) the marathon.
4. Non ho viaggiato molto nella mia vita. → I ________(to travel) much in my life.
5. Hai letto "Jane Eyre"? → ____ you_____(to read) "Jane Eyre"?

Present perfect continuous

Si usa al posto del present perfect quando si vuole evidenziare la durata e lo svolgimento di una determinata azione. Indica azioni iniziate nel passato che continuano nel presente o azioni appena concluse ma i cui risultati si sentono ancora.
Si forma in questo modo:
present perfect del verbo to be (have/has been) + participio presente del verbo principale (forma base + ing)

She has been playing tennis for five years. = Lei gioca a tennis da cinque anni.
I have been studying all week. = Ho studiato tutta la settimana.

Esercizio 9

Completa le frasi con la forma corretta dei verbi tra parentesi al present perfect continuous.

1. Sto aspettando il bus da quaranta minuti. I ___________ (to wait) for the bus for forty minutes.
2. Lucy sembra molto stanca. Ha corso per due ore di fila! Lucy looks very tired. She ___________(to run) for two hours straight!
3. È tutta la mattina che giochi alla Playstation! You ___________(to play) the Playstation all morning!
4. Ho studiato tutto il giorno. Ho finito cinque minuti fa. I ___________(to study) all day. I finished five minutes ago.
5. Ci stiamo esercitando dalle 9 di mattina. We ___________ since 9 am.

Il Past Simple del verbo essere

Vediamo ora come formare il passato remoto (simple past) del verbo essere nelle varie forme.

AFFERMATIVA	NEGATIVA	INTERROGATIVA	INTERROGATIVA - NEGATIVA
I was	I was not	Was I?	Wasn't I?
You were	You were not	Were you?	Weren't you?
He was	He was not	Was he?	Wasn't he?
She was	She was not	Was she?	Wasn't she?
It was	It was not	Was it?	Wasn't it?
We were	We were not	Were we?	Weren't we?
You were	You were not	Were you?	Weren't you?
They were	They were not	Were they?	Weren't they?

Le risposte brevi saranno formulate in questo modo: Yes + pronome soggetto + verbo, oppure No + pronome soggetto + verbo + not.
Yes, I was / No, I was not.
Yes, they were / No, they were not.

Esercizio 10

Completa le frasi con il verbo "to be" al past simple. Usa la forma contratta quando possibile.

1. Ieri era una giornata piovosa, ma oggi c'è il sole. → Yesterday _____ a rainy day, but today is sunny.
2. La settimana scorsa eravamo a Milano. → Last week we _____ in Milan.
3. Non eri in piscina? → ______ you in the swimming pool?
4. Luigi XIV fu re di Francia. → Louis XIV _____ the King of France.

Past simple

Il past simple si usa per indicare azioni che si sono verificate nel passato e si sono concluse ormai definitivamente.
I verbi che formano il **simple past** ed il participio passato (**past participle**) aggiungendo -**ed** all'infinito senza **to,** vengono detti *regolari.*

Vengono coniugati allo stesso modo per tutte le persone:

I work**ed**

You work**ed**

He/She/It work**ed**

We work**ed**

You work**ed**

They work**ed**

Ci sono, però, alcune variazioni ortografiche da tenere presenti. Vediamole di seguito.

- i verbi terminanti in **-e** aggiungono solo la **-d**	live →**lived**
- i verbi terminanti in **-y** preceduta da consonante eliminano la y ed aggiungono **-ied**	worry → **worried**
- i verbi terminanti in **-y** preceduta da vocale invece seguono la regola generale ed aggiungono **-ed**	enjoy → enjo**yed**
- i verbi monosillabici che terminano con una sola consonante preceduta da una sola vocale	slip → sli**pped** **MA:** clean → clea**ned**
- i verbi terminanti in **-w** e **-x** seguono la regola base	slow → slo**wed** mix → mi**xed**
- i verbi bisillabici terminanti con una consonante preceduta da una sola vocale e con l'accento sull'ultima sillaba	refer → referred **MA:** offer → offer**ed**
- verbi terminanti in -l preceduta da una sola vocale; Fanno eccezione **to fuel** e **to dial**	control → controlled **MA:** reveal → revealed fuel → fue**lled** dial → dia**lled**

Verbi irregolari

Alcuni verbi non seguono queste regole nel **past simple** e **past participle** e vengono dunque definiti *irregolari*. La buona notizia è che anche questi verbi, come gli altri, si coniugano allo stesso modo per tutte le persone, quindi basterà imparare la forma irregolare.

È utile imparare questi verbi a memoria.

In questa tabella vedremo i principali verbi irregolari nella loro forma all'infinito, al simple past ed al past participle:

INFINITE	PAST SIMPLE	PAST PARTICIPLE
To be	was/were	been
To become	became	become
To begin	began	begun
To bite	bit	bitten
To break	broke	broke
To bring	brought	brought
To build	built	built
To buy	bought	bought

To catch	caught	caught
To choose	chose	chosen
To come	came	come
To cost	cost	cost
To cut	cut	cut
To do	did	done
To draw	drew	drawn
To drink	drank	drunk
To drive	drove	driven
To eat	ate	eaten
To fall	fell	fallen
To feel	felt	felt
To find	found	found
To forget	forgot	forgotten

To forgive	forgave	forgiven
To freeze	froze	frozen
To get	got	got
To give	gave	given
To go	went	gone
To grow	grew	grown
To have	had	had
To hear	heard	heard
To hide	hid	hidden
To hit	hit	hit
To hold	held	held
To keep	kept	kept
To know	knew	known
To leave	left	left

To let	let	let
To lose	lost	lost
To make	made	made
To mean	meant	meant
To meet	met	met
To pay	paid	paid
To put	put	put
To read	read	read
To ride	rode	ridden
To ring	rang	rung
To rise	rose	risen
To run	ran	run
To say	said	said
To see	saw	seen

To sell	sold	sold
To send	sent	sent
To set	set	set
To shoot	shot	shot
To show	showed	shown
To sing	sang	sung
To sink	sank	sunk
To sit	sat	sat
To sleep	slept	slept
To speak	spoke	spoken
To spend	spent	spent
To stand	stood	stood
To steal	stole	stolen
To swear	swore	sworn

To swim	swam	swum
To take	took	taken
To teach	taught	taught
To tear	tore	torn
To tell	told	told
To think	thought	thought
To throw	threw	thrown
To understand	understood	understood
To wake	woke	woken
To wear	wore	worn
To win	won	won
To write	wrote	written

Used to + infinitive

Utilizziamo soggetto + used to + verbo all'infinito (senza il to) per descrivere azioni o situazioni abituali al passato ma non più vere. Generalmente si traduce con l'imperfetto in italiano. Si utilizza soprattutto per evidenziare un contrasto tra il passato ed il presente, ovvero qualcosa che si faceva nel passato, ma ora non più.

I used to write poems when I was a kid. (Quando ero ragazzo scrivevo/ero solito scrivere poesie).

Did you use to read when you are younger? (Quando eri giovane leggevi/eri solito leggere?).

He didn't use to like music, but now he does. (A lui non soleva piacere la musica, ma ora sì).

Esercizio 11

Completa le frasi con la forma corretta dei verbi tra parentesi al past simple.

1. Sono arrivata alla stazione alle 17. → I _________(to arrive) at the station at 5pm.
2. L'anno scorso mio cugino ha studiato all'estero. → Last year my cousin _________(to study) abroad.
3. Hai fatto colazione stamattina? → ____ you ____________(to have breakfast) this morning?
4. Simone si è rotto il braccio. → Simone ______(to break) his arm.
5. Non ho finito i compiti. → I _________(to finish) my homework.
6. Ho giocato a basket ogni martedì l'anno scorso. → I ________(to play) basketball every Tuesday last year.
7. I suoi genitori hanno comprato questa casa nel 1988. → Her parents ________(to buy) this house in 1988.
8. Ho lavorato in quel ristorante per tre anni. → I ________(to work) in that restaurant for three years.

Past continuous

Il past continuous viene utilizzato per esprimere un'azione in fase di svolgimento in un momento definito del passato. Si costruisce con il simple past del verbo "to be" seguito dal verbo principale alla forma in -ing:

I was reading	(Io stavo leggendo)
You were working	(Tu stavi lavorando)
He was leaving	(Lui se ne stava andando)
She was sleeping	(Lei stava dormendo)
It was sleeping	(Esso stava dormendo)
We were praying	(Noi stavamo pregando)
They were joking	(Loro stavano scherzando)

Esercizio 12

Completa le frasi con la forma corretta dei verbi tra parentesi al past continuous.

1. Stava piovendo ieri mentre aspettavo il treno. → It __________(to rain) yesterday while I __________(to wait) for the train.
2. Alle nove ieri mattina stavo facendo le faccende domestiche. → At nine o'clock yesterday morning I __________(to do) household chores.
3. Studiavi ancora all'università nel 2014? - No. → _____ you still _________(to study) at University in 2014? - No, I ______.
4. Cosa stavate facendo ieri sera alle nove? → What _____ you ______(to do) at nine o'clock last night?
5. Non è colpevole. Stava guardando la partita a casa dei suoi vicini. → He's not guilty. He __________(to watch) TV at his neighbour's house.

Past perfect

Il past perfect indica un tempo precedente ad un altro tempo nel passato. Si usa generalmente quando stiamo parlando al passato e vogliamo indicare un'azione o situazione avvenuta precedentemente al tempo passato di cui stiamo parlando:
When he arrived, I **had** already **left** (Quando lui arrivò, io **ero** già **uscita**).

Il past perfect si forma con il past simple del verbo "to have" (had) ed il participio passato del verbo principale:

I had arrived
You had arrived
He/She/It had arrived
We had arrived
You had arrived
They had arrived

Esercizio 13

Completa le frasi con la forma corretta dei verbi tra parentesi al past perfect.

1. Aveva già fatto le valigie quando lui arrivò. → She ____ already ______(to pack) her bags when he arrived.
2. Era molto stanca perché non aveva dormito bene. → She was very tired because she __________(to sleep) well the night before.
3. Quando arrivarono al cinema il film era appena iniziato. → When they arrived at the cinema the film ____ just ______(to begin).

Past perfect continuous

Il past perfect continuous si usa per parlare di qualcosa che è accaduto prima di un altro evento nel passato o per evidenziare la continuità di un'azione avvenuta nel passato.
Si forma in questo modo:

soggetto + verbo ausiliario "had" + participio passato "been" + verbo in -ing

My sister had been studying all day = Mia sorella aveva studiato tutto il giorno

When I met you, you had been working at that restaurant for six month = Quando ti ho conosciuto, stavi lavorando in quel ristorante da sei mesi

Esercizio 14

Completa le frasi con la forma corretta dei verbi tra parentesi al past perfect continuous.

1. Ha piovuto tutto il giorno, ma poi è uscito il sole. → It _____________(to rain) all day, but then the sun came out.
2. Lavoravo nell'azienda da cinque anni quando mi hanno licenziata. → I _____________(to work) with the company for five years when they fired me.
3. Giorgio stava dormendo da due ore quando qualcuno bussò alla porta. → Giorgio _____________(to sleep) for two hours when someone knocked on the door.
4. Da quanto tempo uscivate quando avete deciso di fidanzarvi? → How long ____ you __________(to date) when you decided to get engaged?

Future simple

Il futuro semplice (simple future) è costruito con l'ausiliare **will** e si utilizza per esprimere previsioni od opinioni relative al futuro, per esprimere una promessa o un'offerta, e per esprimere un'azione decisa sul momento.
Vediamo le diverse forme ed alcuni esempi:

Affermativa

soggetto + will + infinito senza "to"
Don't worry, I will do it! (Non preoccuparti, lo farò io!)

Negativa

soggetto + will not + infinito senza "to"
I think he will not reply. (Penso che non risponderà.)

Interrogativa

will + sogg. + infinito senza "to" + ?
Will you go out with me tonight? (Uscirai con me stanotte?)

Interrogativo– Negativa

won't + soggetto + infinito senza "to" + ?
Won't you answer the phone? (Non rispondi al telefono?)

Will può anche essere contratto in questo modo:

I will = I'll
We will = we'll
You will = you'll
Will not = won't

He will = he'll
She will = she'll
They will = they'll

La forma it will non viene contratta.

Esercizio 15

Completa le frasi con la forma corretta dei verbi tra parentesi al future simple.

1. Domani nevicherà. → Tomorrow _________(to snow).
2. La loro squadra non vincerà la partita. → Their team __________(to win) the match.
3. Credo che Mark non otterrà il posto. → I don't believe Mark __________(to get) the job.
4. Penso che Marianne arriverà tra poco. → I think Marianne __________(to come) soon.
5. Presto sarà Natale. → It will be Christmas soon. It __________(to be) Christmas soon.

Altri modi di esprimere il futuro

Oltre che con la costruzione che impiega "**will**", il futuro in inglese può essere espresso anche nei seguenti modi:

- Utilizzando il **Simple Present** per azioni programmate od orari (The train leaves tomorrow at 10am).
- Utilizzando il **Present Continuous** per programmi prestabiliti nel futuro (I am leaving tomorrow morning = Partirò domani mattina; utilizziamo il Present continuous se ho già i biglietti).
- Utilizzando la costruzione del "**to be going to**", facendo attenzione a non confonderla con il Present Continuous.
  Vediamo brevemente come si forma:
  il verbo "to be" coniugato alla persona del soggetto + going + l'infinito del verbo principale

Soggetto	+ to be (coniugato)	+ going	+ infinito
She	is	going	to eat
I	am	going	to drink

Future continuous

Il future continuous si usa per esprimere un'azione futura in corso in un determinato momento.
Si forma in questo modo:

Soggetto + will be + verbo in -ing

I will be driving all day tomorrow = Domani guiderò tutto il giorno

At this time next next week, I will be going on holiday = La prossima settimana, a quest'ora, andrò in vacanza

Esercizio 16

Completa le frasi con la forma corretta dei verbi tra parentesi al future continuous.

1. Domani a quest'ora starò prendendo il sole in spiaggia. → This time tomorrow I ______________(to sunbathe) on the beach.
2. Le mie coinquiline staranno cenando quando arriverò a casa. → My roommates ______________(to have dinner) when I get home.
3. Cosa starete facendo domani a quest'ora? → What ____ you _________(to do) this time tomorrow?
4. Quando pensa di lasciare l'hotel, signore? → When ____ you _________(to leave), sir?

Future Perfect

Utilizzato per esprimere un'azione completata in un certo momento nel futuro, il future perfect si forma così:

Soggetto + futuro semplice del verbo "to have" (will have) + il past participle del verbo principale

I will have finished my project by next thursday = Avrò finito il mio progetto entro giovedì prossimo

Will you have arrived by 10am? = Sarai arrivato per le 10 del mattino?

She will not have finished homework before six. = Lei non avrà finito I compiti prima delle sei.

Esercizio 17

Completa le frasi con la forma corretta dei verbi tra parentesi al future perfect.

1. Avranno finito di pitturare la casa entro settembre. → They ______________ (to finish) painting the house by September.
2. Avremo già mangiato quando sarai arrivato a casa. → We ____ already __________(to eat) by the time you have got home.
3. Lo spettacolo sarà già iniziato quando sarete arrivati a teatro. → The show ____ already __________(to start) when you have arrived at the theatre.
4. Tra una settimana saranno due anni che viviamo a Londra. → In a week we _____________(to live) in London for two years.

Future perfect continuous

Si usa per riferirsi ad azioni che si protraggono nel futuro e che finiranno o verranno interrotte nel futuro, ma che non sono ancora iniziate nel momento in cui si parla.
Si costruisce in questo modo:

Soggetto + will have been + verbo in -ing

In one year, I will have been playing volleyball for two years = *Tra un anno avrò giocato (starò giocando) a pallavolo da due anni*

L'imperativo - Imperative

L'imperativo si usa per esprimere ordini, richieste, proposte.
La forma affermativa nella seconda persona singolare e plurale (tu, voi) si forma con l'infinito del verbo senza il "to". Alla prima persona plurale (noi) si utilizza "Let's" seguito dall'infinito senza il "to". Non serve indicare il soggetto:

Go out! (Esci! Uscite!) *Let's go out! (Usciamo!)*

La forma negativa si forma con "don't" + infinito del verbo senza il "to" e, per la prima persona plurale, "let's + not + infinito senza "to":

Don't go out! (Non uscire! Non uscite!) *Let's not go out! (Non usciamo!)*

Costruzioni impersonali

Nelle costruzioni impersonali il soggetto non è specificato e generalmente viene impiegato il pronome "it" seguito dal verbo in terza persona singolare: **It** rains = piove; **It** is raining = sta piovendo; **It** seems that he likes you = sembra che tu gli piaccia.

La forma impersonale può avvenire nei seguenti tempi verbali: Present Simple, Present Continuous, Present Perfect, Present Perfect Continuous, Past Simple, Past Continuous, Future Simple.

It was raining (Stava piovendo), It will rain (Pioverà), It has rained (Ha piovuto), etc.

It takes me one hour to go to school = Impiego un'ora per andare a scuola

Attenzione: it + takes è un'espressione impersonale utilizzata con il significato di "impiegare".

I verbi modali - Modal verbs

In inglese, per esprimere il concetto di volere, dovere o potere, si utilizzano i verbi modali abbinati al verbo principale della frase.
Questi verbi non hanno modi e tempi, non sono accompagnati da ausiliare nelle forme negative, interrogative ed interrogativo-negative, sono seguiti dal verbo principale all'infinito senza il "to", e soprattutto ricordiamoci che non hanno la "s" nella terza persona singolare del presente.

Potere

<u>Can (potere, saper fare)</u>
Can you buy some bread? (Puoi comprare del pane?)
Yes, I can. No, I can't.
Can he swim? (Lui sa nuotare?)
Yes, he can. No, he can't.

<u>May (potere, più cordiale)</u>
May I come in? (Posso entrare?)
Yes, you may. No, you may not.

Dovere

<u>Shall (per proporre o offrirsi)</u>
What shall I do now? (Cosa devo fare ora?)

<u>Must (per proibire o esprimere un ordine)</u>
I must work today! (Io devo lavorare oggi)

You must leave!
(Te ne devi andare!)

Volere

Will (per offrire)
Will you come to my place tomorrow? (Vuoi venire a casa mia domani?)

Gli aggettivi

Gli aggettivi principali in inglese sono:

- Dimostrativi (this, that, these, those = questo/a, quello/a, questi/e, quelli/e),
- Distributivi (each, every = ogni),
- Quantitativi (much, many, little, few, some, any = molto, molti/e, pochi/e, alcuni/e),
- Interrogativi (what, who, which, why, when, how, whose = cosa, chi, quale/i, perché, quando, come, di chi)
- Possessivi (my, your, his, her, its, our, your, their = mio, tuo suo, nostro, vostro, loro)
- Qualitativi (good, bad, old, etc. = buono, cattivo, vecchio, ecc.)

Gli aggettivi in inglese precedono sempre il nome a cui si riferiscono (a good man = un buon uomo, a big house = una casa grande), e si possono trovare dopo alcuni verbi come essere, sembrare, diventare, ecc.)
He seems nice (lui sembra carino), She is thin (lei è magra), She became rich (lei diventò ricca).

Aggettivi e pronomi possessivi

Gli aggettivi e i pronomi possessivi si usano per indicare a chi appartengono persone o cose. Ricordiamo che gli aggettivi accompagnano un nome, descrivendolo, mentre i pronomi prendono il posto del nome a cui si riferiscono:
La tua casa è più bella del**la mia.**

Quel "la tua" descrive il possesso del nome, "la casa", indicando che è tua. "Del**la mia** invece prende il posto di: "della mia casa", quindi è un pronome.
In inglese è importante saper distinguere bene queste funzioni, in quanto i possessivi cambiano a seconda della loro funzione, aggettivi o pronomi.

Aggettivi possessivi		Pronomi possessivi	
my	mio/a, miei, mie	**mine**	il mio, la mia, i miei, le mie
your	tuo/a, tuoi, tue	**yours**	il tuo, la tua, i tuoi, le tue
his	suo/a, suoi, sue (di lui)	**his**	il suo, la sua i suoi, le sue
her	suo/a, suoi, sue (di lei)	**hers**	il suo, la sua i suoi, le sue
its	suo/a, suoi, sue (cose o animali)	-	(esiste solo l'aggettivo)
our	nostro/a, nostri, nostre	**ours**	il nostro, la nostra, i nostri, le nostre
your	vostro/a, vostri, vostre	**yours**	il vostro, la vostra, i vostri, le vostre
their	loro	**theirs**	il loro, la loro, i loro, le loro

Attenzione: a differenza dell'italiano, in inglese i possessivi non sono mai preceduti dall' articolo.
La mia casa —> **My** house, <u>non</u> The my house.

Aggettivi e pronomi dimostrativi

Si usano **this** (singolare) e **these** (plurale) per indicare persone e oggetti vicini a chi parla.

<u>This</u> car is blue = <u>Questa</u> automobile è blu.

<u>These</u> jeans are comfortable. = <u>Questi</u> jeans sono comodi.

That (singolare) e **those** (plurale) indicano invece persone e oggetti lontani da chi parla.

<u>That</u> house is expensive. = <u>Quella</u> casa è costosa.

Who are <u>those</u> girls? = Chi sono <u>quelle</u> ragazze?

I dimostrativi (this, that, these, those) hanno la stessa forma per i generi maschile e femminile.
Possono inoltre essere usati sia come aggettivi, davanti ai sostantivi, oppure da soli come pronomi.
Aggettivo: This painting is really beautiful = Questo dipinto è molto bello

Pronome: This is beautiful = Questo è bello

Genitivo sassone

Il genitivo sassone è un modo di indicare il caso genitivo, ovvero una specificazione del possesso. Si ottiene aggiungendo un apostrofo e ad una "s" alla fine di un nome (indicante il possessore) nella lingua inglese.
Se la parola indicante il possessore termina già in s, allora aggiungeremo semplicemente un apostrofo:
My brother's pen (la penna di mio fratello)

My friend's car (l'automobile del mio amico)

My parents' house (la casa dei miei genitori)

My friends' car (l'automobile dei miei amici)

Comparativi e superlativi

1) Il **comparativo** si usa per confrontare qualitativamente due elementi.

Sofia is taller than Marta. (Sofia è più alta di Marta.)

Il comparativo si forma in due modi diversi:

- Nel primo caso, con parole corte ad una sillaba, si aggiunge **-er** alla fine della parola.

  Big (grande) → Bigger (più grande)

  Short (basso) → Shorter (più basso)

- Nel secondo caso, con parole più lunghe a due o più sillabe, si usa normalmente "**more**" per i comparativi di maggioranza, oppure "**less**" per i comparativi di minoranza.

  Interesting (interessante) → More interesting (più interessante)

  Difficult (difficile) → Less difficult (meno difficile)

Esistono delle eccezioni: le parole a due sillabe che terminano con **-y**, **-ow**, **-le**, **-er** si formano aggiungendo il suffisso **-er** alla fine (easy – easier; narrow – narrower; gentle – gentler; clever – cleverer).

Si usa **than** per introdurre il secondo termine di paragone.

This car is faster than the other one. (Questa auto è più veloce di quell'altra.)

You are more athletic than me. (Sei più atletico di me)

Con i **sostantivi** il comparativo si forma con **more… than** oppure **less/ fewer… than**:

You have more money than me (Hai più soldi di me)

She drinks less water than us (Lei beve meno acqua di noi)

He reads fewer books than you (Lui legge meno libri di te)

2) Il **superlativo** viene usato per confrontare una cosa con l'intero gruppo o ambito a cui appartiene.

Today is the best day ever. (Oggi è il miglior giorno di sempre.)

I'm the eldest of my siblings. (Sono il più vecchio dei miei fratelli.)

Il superlativo si forma allo stesso modo del comparativo, con la differenza che "er" diventa "**est**", "more" diventa "**the most**" oppure "less" diventa "**the least**".

Cheap (economico) → The cheapest (il più economico)

Beautiful (bello) → The most beautiful (il più bello)

Interesting (interessante) → The least interesting (il meno interessante)

Ci sono però delle eccezioni, sia nel caso dei comparativi che nel caso dei superlativi, come per esempio:

good (buono) → better (meglio) → the best (il migliore)

bad (cattivo) → worse (peggiore) → the worst (il peggiore)

Il superlativo può essere seguito da "**of**" oppure da "**in**" a seconda della situazione:

Luca is the tallest of all my friends (Luca è il più alto di tutti i miei amici)

The Volga River is the longest river in Europe (Il fiume Volga è il fiume più lungo d'Europa)

Esercizio 18

Completa le frasi usando la forma comparativa o superlativa.

- Giacomo è il più alto della classe. Giacomo is ___________(tall) in the class.
- Ho bisogno di scarpe più grandi. I need ___________(big) shoes.
- È il miglior libro che abbia mai letto. It's ___________(good) book I've read.
- Questo sentiero è più breve di quell'altro. That path is ___________(short) than the other one.
- Penso che la storia moderna sia più interessante di quella antica. I think modern history is ___________(interesting) than ancient history.
- A quest'ora il supermercato è meno affollato. At this time the supermarket is ___________ (crowded).
- È il film più brutto che abbia mai visto. That's the ___________(bad) movie I've ever seen.
- Non è giusto, tu hai sempre meno compiti di me! It's not fair, you always have _____ homework _____ me!

Avverbi

Nella frase, gli avverbi possono:

- Accompagnare un verbo, completandone o specificandone il significato.
  I run **fast** = Io corro veloce.
- Accompagnare un aggettivo o un participio passato, completandone il significato.
  He is **very** happy to see you. (Lui è molto felice di vederti.)
- Accompagnare un altro avverbio, completandone il significato.
  It's **very** late! = è molto tardi!

Come si formano gli avverbi?
La maggior parte si forma aggiungendo -ly al corrispondente aggettivo:

Slow —> slowly
Bad —> badly
Deep —> deeply

Variazioni ortografiche

Gli aggettivi terminanti in *-y* cambiano la *y* in *i* prima del suffisso *–ly*.

Happy + ly = Happily

Gli aggettivi terminanti in *–le* preceduta da consonante perdono la *e* prima del suffisso *–ly*.

Probable + ly = Probably

Gli aggettivi terminanti in *–l* preceduta da vocale raddoppiano la *l* prima del suffisso *–ly*.

Final + ly = Finally

Alcuni avverbi non cambiano, rimangono uguali all'aggettivo; è il caso di *fast, late, early*.

Alla maggior parte degli avverbi di tempo e luogo, non corrisponde nessun aggettivo; ad esempio: *now, soon, here, there.*

Avverbi di frequenza

Tra gli avverbi di frequenza i più comuni sono:

- **Always** (sempre)
- **Ever** (mai)
- **Generally** (generalmente)
- **Never** (non mai)
- **Often** (spesso)
- **Rarely** (raramente)
- **Seldom** (raramente)
- **Sometimes** (qualche volta)
- **Usually** (di solito)

They **always** have breakfast in bed = Loro fanno sempre colazione a letto.

Have you **ever** seen a rainbow? = Hai mai visto un arcobaleno?

I **rarely** see her = La vedo raramente.

We **usually** go to the beach in the summer. = D'estate di solito noi andiamo in spiaggia.

Soluzioni degli esercizi di grammatica

Esercizio 1

1. The
2. a
3. The
4. A

Esercizio 2

1. Books
2. Flowers
3. Beaches
4. Photos
5. Ladies
6. Students
7. Children
8. Leaves
9. Women

Esercizio 3

1. is
2. I'm
3. are
4. are
5. Is
6. aren't
7. are / are
8. is
9. I'm
10. Is / is

Esercizio 4

1. Where
2. Why
3. Who
4. When
5. What
6. Whose
7. How
8. What

Esercizio 5

1. has got
2. Have you got / haven't
3. has got
4. haven't got
5. Have your parents got / have

Esercizio 6

1. doesn't work
2. miss / do
3. studies
4. plays
5. come

Esercizio 7

1. is doing
2. Is the baby sleeping / is
3. is working
4. is boiling
5. is learning
6. are going

Esercizio 8

1. have lived
2. have gone
3. has just finishes
4. haven't travelled
5. Have you read

Esercizio 9

1. have been waiting
2. has been running
3. have been playing
4. have been studying
5. have been practising

Esercizio 10

1. was
2. were
3. Weren't
4. was

Esercizio 11

1. arrived
2. studied
3. Did you have
4. broke
5. didn't finish
6. played
7. bought
8. worked

Esercizio 12

1. was raining / was waiting
2. was doing
3. Were you still studying / wasn't
4. were you doing
5. was watching

Esercizio 13

1. Had already packed
2. Hadn't slept
3. Had just begun

Esercizio 14

1. had been raining
2. had been working
3. had been sleeping
4. had you been dating

Esercizio 15

1. will snow
2. won't win
3. will get
4. will come
5. will be

Esercizio 16

1. will be sunbathing
2. will be having dinner
3. will you be doing
4. will you be leaving

Esercizio 17

1. will have finished
2. will already have eaten
3. will already have started
4. will have lived

Esercizio 18

1. the tallest
2. bigger
3. the best
4. shorter
5. more interesting
6. less crowded
7. worst
8. less homework than

AGGETTIVI QUALIFICATIVI

Gli aggettivi qualificativi si usano per descrivere persone, oggetti, animali e concetti astratti. Hanno sempre la stessa forma, sono invariabili per genere e numero.

buono = good

Sono stato troppo buono con te.
I've been too good to you.

cattivo = bad

Oggi ho avuto una cattiva giornata.
I had a bad day today.

incredibile = amazing

È stata un'esperienza incredibile!
It was an amazing experience!

notevole = remarkable

Ho avuto dei risultati notevoli.
I had remarkable results.

ambizioso = ambitious

Laura è una ragazza ambiziosa.
Laura is an ambitious girl.

capace = able

Scusa, non sono capace di farlo.
Sorry, I'm not able to do it.

affidabile = reliable

Lei sembra una persona affidabile.
She seems like a reliable person.

attivo = active

Quel vulcano è ancora attivo.
That volcano is still active.

accurato = accurate

Abbiamo fatto delle analisi molto accurate.
We did some very accurate analysis.

spaventato = afraid

Durante il terremoto ero molto spaventato.
During the earthquake, I was very afraid.

aggressivo = aggressive

Lui è una persona aggressiva.
He is an aggressive person.

solo = alone, lonely

Sono andato alla festa da solo.
I went to the party alone.
In una grande città è facile sentirsi soli.
In a big city, it's easy to feel lonely.

attraente = attractive

Suo marito è molto attraente.
Her husband is very attractive.

malato = ill, sick

Sono stato malato la scorsa settimana.
I was ill last week.

arrabbiato = angry

Sono arrabbiato con te.
I'm angry with you.

disponibile = available

Lei non è disponibile al momento.
She is not available at the moment.

consapevole = aware

Sei consapevole delle conseguenze?
Are you aware of the consequences?

marcio = rotten

La verdura era marcia.
The vegetables were rotten.

amaro = bitter

Non mi piace il caffè, è troppo amaro.
I don't like coffee, it's too bitter.

acido = sour

Adoro il sapore acido del limone.
I love the sour taste of lemon.

dolce = sweet

Queste caramelle sono troppo dolci.
These candies are too sweet.

salato = salty

A Denise piacciono i cibi salati.
Denise likes salty foods.

ampio = broad, wide

Questo soggiorno è molto ampio.
This living room is very wide.

grande = big

La tua casa è più grande della mia.
Your house is bigger than mine.

coraggioso = brave

Sei stato molto coraggioso.
You were very brave.

luminoso = bright

Il mio soggiorno è molto luminoso al mattino.
My living room is very bright in the morning.

noioso = boring

La lezione di storia era noiosa.
The history lesson was boring.

prudente = careful

In montagna bisogna essere prudenti.
In the mountains, you must be careful.

economico = cheap

Sto cercando un paio di scarpe economiche.
I am looking for a cheap pair of shoes.

pulito = clean

La nostra camera era piuttosto pulita.
Our room was pretty clean.

intelligente = clever

Gabriele è molto intelligente.
Gabriele is very clever.

chiuso = closed

Il negozio è chiuso.
The shop is closed.

carino = cute, pretty

Questo vestito è così carino!
This dress is so cute!

freddo = cold

In montagna fa molto freddo.
It's very cold in the mountains.

forte (figo) = cool

Quel nuovo videogioco è forte.
That new video game is cool.

curioso = curious

Sei troppo curioso.
You are too curious.

fiducioso = confident

Non sono mai stato così fiducioso.
I have never been so confident.

competitivo = competitive

Mio papà è una persona molto competitiva.
My dad is a very competitive person.

chiaro = clear

Preferisco i colori chiari.
I prefer light colours.

calvo = bald

Lui è calvo.
He is bald.

pericoloso = dangerous

Il paracadutismo è uno sport pericoloso.
Skydiving is a dangerous sport.

sordo = deaf

Mio nonno è sordo.
My grandfather is deaf.

diverso = different

Vorrei scegliere un colore diverso.
I would like to choose a different colour.

difficile = difficult, hard

Vincere il campionato sarà molto difficile.
Winning the championship will be very difficult.

sporco = dirty

Il bagno è sporco.
The bathroom is dirty.

disappointed = deluso

Sono molto deluso dal tuo comportamento.
I am very disappointed with your behaviour.

disperato = desperate

Claudia è disperata per la morte del suo coniglietto.
Claudia is desperate for the death of her bunny.

drammatico = dramatic

Adoro i film drammatici.
I love dramatic films.

asciutto = dry

Il pavimento finalmente è asciutto.
The floor is finally dry.

delizioso = delicious

Ho mangiato una pizza deliziosa.
I ate a delicious pizza.

costoso = expensive

Questa borsa è troppo costosa per me.
This bag is too expensive for me.

efficiente = efficient

Mia madre è molto efficiente sul lavoro.
My mother is very efficient at work.

emotivo = emotional

Sono una persona emotiva.
I'm an emotional person.

vuoto = empty

Il frigo è vuoto.
The fridge is empty.

emozionante = exciting

È stata l'esperienza più emozionante della mia vita.
It was the most exciting experience of my life.

elegante = elegant

Questa camicia è molto elegante.
This shirt is very elegant.

facile = easy

La matematica non è una materia facile.
Math is not an easy subject.

esperto = expert

Ho bisogno di un esperto in materia.
I need an expert in the matter.

falso = false

È stato un falso allarme.
It was a false alarm.

famoso = famous

Mio cugino è un calciatore famoso.
My cousin is a famous footballer.

fedele = faithful

Sono sempre stato fedele a mia moglie.
I've always been faithful to my wife.

spontaneo = spontaneous

Lei è una persona spontanea.
She is a spontaneous person.

veloce = fast

Andrea è più veloce di me.
Andrea is faster than me.

grasso = fat

Quando ero ragazzino ero più grasso di adesso.
When I was a kid, I was fatter than now.

lontano = far

La stazione è abbastanza lontana da qui
The station is quite far from here.

leale = loyal

Penso di essere un amico leale.
I think I am a loyal friend.

libero = free

Sei libero domani sera?
Are you free tomorrow night?

amichevole = friendly

Tuo papà è molto amichevole.
Your dad is very friendly.

straniero = foreign

Siamo in territorio straniero.
We are in a foreign territory.

pieno = full

La casa è ancora piena di scatoloni.
The house is still full of boxes.

divertente = funny

Sei così divertente.
You're so funny.

ottimo = great

Hai fatto un ottimo lavoro.
You did a great job.

colpevole = guilty

È colpevole di un grave reato.
He is guilty of a serious crime.

glorioso = glorious

È stato un momento glorioso.
It was a glorious moment.

affascinante = handsome, charming

Ho incontrato un uomo affascinante.
I met a handsome man.

felice = happy

Oggi sono molto felice.
I'm very happy today.

odioso = hateful

Sei proprio odioso!
You're hateful!

sano = healthy

La bambina è cresciuta forte e sana.
The child grew up strong and healthy.

pesante = heavy

Non accettano la valigia perché è troppo pesante.
They don't accept the suitcase because it's too heavy.

leggero = light, lightweight

Sei leggero come una piuma.
You are light as a feather.

duro = hard, tough

La superficie è dura.
The surface is hard.
Quest'anno è stato molto duro.
This year has been very tough.

resistente = resistant, durable

Questi pantaloni sono di un tessuto molto resistente.
These trousers are made of a very resistant material.

umido = humid

L'Amazzonia ha un clima umido.
The Amazon has a humid climate.

caldo = hot

Il caffè è bello caldo.
The coffee is nice and hot.

affamato = hungry

Non mangio da ore, sono molto affamato.
I haven't eaten for hours, I'm very hungry.

impaziente = impatient

Non essere impaziente.
Don't be impatient.

impossibile = impossible

Nulla è impossibile.
Nothing is impossible.

importante = important

Devo dirti una cosa importante.
I have something important to tell you.

interessante = interesting

Questo libro è davvero interessante.
This book is really interesting.

impressionante = impressive

La potenza del motore è impressionante.
The engine's power is impressive.

immediato = immediate

Ha bisogno di cure immediate.
She needs immediate care.

ignorante = ignorant

Non sopporto le persone così ignoranti.
I can't stand such ignorant people.

gentile = kind

Sei molto gentile.
You are very kind.

conosciuto = known

Quel ristorante è conosciuto per le pizze deliziose.
That restaurant is known for its delicious pizzas.

largo = wide

È un fiume molto largo.
It is a very wide river.

logico = logical

Ho fatto la scelta più logica.
I made the most logical choice.

pigro = lazy

Siamo entrambi troppo pigri.
We're both too lazy.

probabile = likely, probable

È uno scenario probabile.
It's a likely scenario.

basso = low, short

Oggi la marea è bassa.
Today the tide is low.

Mia nonna è bassa.
My grandmother is short.

lungo = long

Il percorso è troppo lungo.
The path is too long.

legale = legal

Non è legale!
It is not legal!

solitario = lonely

Leonardo è un ragazzo molto solitario.
Leonardo is a very lonely boy.

fortunato = lucky

Il fortunato vincitore della lotteria è diventato milionario.
The lucky winner of the lottery became a millionaire.

grato = grateful

Sono molto grato a mia moglie per il suo aiuto.
I am very grateful to my wife for her help.

leale = loyal

I cani sono animali leali.
Dogs are loyal pets.

pazzo = mad, crazy

Mi fai diventare pazzo.
You're driving me crazy.

disordinato = messy

Non ho mai visto una casa disordinata come la tua.
I've never seen a messy house like yours.

motivato = motivated

Non sono mai stato così motivato in vita mia.
I've never been more motivated in my life.

mozzafiato = breathtaking

La vista dalla cima è mozzafiato.
The view from the top is breathtaking.

ingenuo = naive

Sara è un po' ingenua.
Sara is a bit naive.

simpatico = nice

Marco sembra essere simpatico.
Marco seems to be nice.

negativo = negative

Sei troppo negativo.
You're too negative.

nervoso = nervous

Lui è sempre nervoso.
He is always nervous.

vicino = near

La stazione è vicina a casa sua.
The station is near his home.

rumoroso = noisy

L'aspirapolvere è così rumorosa.
The vacuum cleaner is so noisy.

nuovo = new

Ti piace il mio nuovo cellulare?
Do you like my new mobile phone?

vecchio = old

La mia macchina è troppo vecchia per fare lunghi viaggi.
My car is too old to make long trips.

aperto = open

La palestra è aperta tutto il giorno.
The gym is open all day.

ovvio = obvious

C'è una spiegazione ovvia.
There is an obvious explanation.

ottimista = optimistic

Di solito cerco di essere ottimista.
I usually try to be optimistic.

indaffarato = busy

Non posso uscire questo pomeriggio, sono indaffarato.
I can't go out this afternoon, I am busy.

onesto = honest

Non sei stato onesto con me.
You haven't been honest with me.

paziente = patient

La mia professoressa è molto paziente.
My professor is very patient.

pessimista = pessimistic

Non sopporto le persone pessimiste.
I can't stand pessimistic people.

piacevole = pleasant

È stata una piacevole serata.
It has been a pleasant evening.

incinta = pregnant

La mia ragazza è incinta.
My girlfriend is pregnant.

produttivo = productive

Quest'anno voglio essere più produttivo.
This year I want to be more productive.

protettivo = protective

I fratelli maggiori sono protettivi con i più piccoli.
Older siblings are protective of younger ones.

orgoglioso = proud

Sono molto orgoglioso di voi.
I am very proud of you.

popolare = popular

Il calcio è uno sport popolare in Italia.
Football is a popular sport in Italy.

povero = poor

Le persone povere devono essere aiutate.
Poor people need to be helped.

educato = polite

Suo figlio è molto educato.
His son is very polite.

positivo = positive

È stata un'esperienza positiva.
It was a positive experience.

potente = powerful

Questa macchina ha un motore potente.
This car has a powerful engine.

pubblico = public

La biblioteca è un luogo pubblico.
The library is a public place.

puro = pure

L'aria di montagna è pura.
The mountain air is pure.

premuroso = caring

Ho un ragazzo davvero premuroso.
I have a very caring boyfriend.

silenzioso = quiet

Mi piace studiare in biblioteca perché è un luogo silenzioso.
I like studying in the library because it is a quiet place.

raro = rare

L'eclissi solare è un evento raro.
The solar eclipse is a rare event.

recente = recent

Mandami delle foto recenti.
Send me some recent photos.

realistico = realistic

Questo dipinto è realistico.
This painting is realistic.

responsabile = responsible

L'inquilino è responsabile dei danni della casa.
The tenant is responsible for any house damage.

ragionevole = reasonable

Questo vestito ha un prezzo ragionevole.
This dress has a reasonable price.

ricco = rich

Mio zio è un uomo ricco.
My uncle is a rich man.

giusto = right

Fai la cosa giusta.
Do the right thing.

maleducato = rude

Sei proprio maleducato.
You are so rude.

prepotente = bossy

Smettila di essere così prepotente!
Stop being so bossy!

ridicolo = ridiculous

In questa foto avevo un taglio di capelli ridicolo.
In this photo, I had a ridiculous haircut.

triste = sad

Luca è triste perché la sua ragazza l'ha lasciato.
Luca is sad because his girlfriend left him.

uguale = same

Indossiamo lo stesso maglione.
We are wearing the same sweater.

trasandato = scruffy

Quell'uomo non si pettina mai, sembra piuttosto trasandato.
That man never combs his hair, he looks quite scruffy.

generoso = generous

Mia zia è generosa.
My aunt is generous.

egoista = selfish

Odio le persone egoiste.
I hate selfish people.

egocentrico = egocentric

Sei l'uomo più egocentrico che conosca.
You are the most egocentric man I know.

ipocrita = hypocritical

Non essere ipocrita.
Don't be hypocritical.

permaloso = touchy

Sei troppo permaloso.
You are too touchy.

sensibile = sensitive

Sei una persona sensibile.
You're a sensitive person.

timido/a = shy

Sara è una ragazza molto timida.
Sara is a very shy girl.

corto = short

Martina ha i capelli corti.
Martina has short hair.

malato = sick

Mio fratello è malato.
My brother is sick.

simile = similar

Sei davvero simile a tua sorella.
You're very similar to your sister.

sincero = sincere

Sono sempre stato sincero con te.
I've always been sincere with you.

lento = slow

Sei troppo lento.
You're too slow.

piccolo = small

Questo armadio è troppo piccolo.
This wardrobe is too small.

furbo = smart

Il mio gatto è molto furbo.
My cat is very smart.

sorridente = smiling

Rosa è sempre sorridente.
Rosa is always smiling.

serio = serious

Sei serio?
Are you serious?

morbido = soft

Ho preparato dei pancake super morbidi.
I made some super soft pancakes.

strano = strange

C'è uno strano odore.
There is a strange smell.

strong = forte

Lui è l'atleta più forte della squadra.
He is the strongest athlete in the team.

testardo = stubborn

Sei così testardo!
You are so stubborn!

stupido = stupid

È una domanda stupida.
It's a stupid question.

sicuro = sure

Sei sicuro?
Are you sure?

adatto = suitable

Questa spina elettrica non è adatta alla presa.
This plug is not suitable for the outlet.

sorpreso = surprised

Sono sorpresa che tu sia arrivata così presto.
I'm surprised you came so early.

scuro = dark

Dovresti provare un rossetto più scuro.
You should try darker lipstick.

sfortunato = unlucky

Ultimamente sono spesso sfortunato.
I'm often unlucky lately.

alto = tall

Mio figlio è il più alto della famiglia.
My son is the tallest in the family.

tradizionale = traditional

Mi piacciono gli abiti tradizionali giapponesi.
I like traditional Japanese clothes.

terribile = terrible

C'è una puzza terribile in questa stanza.
There is a terrible smell in this room.

magro = thin

Ho salvato un cane randagio, era molto magro.
I rescued a stray dog, he was very thin.

assetato = thirsty

Ho corso per chilometri, ora sono assetato.
I've been running for miles, now I'm thirsty.

ordinato = tidy

Camera mia è abbastanza ordinata.
My room is quite tidy.

minuscolo = tiny

Il mio criceto è minuscolo.
My hamster is tiny.

stanco = tired

Sono troppo stanco per uscire questa sera.
I'm too tired to go out tonight.

vero = true

È vero!
It's true!

tipico = typical

È il tipico comportamento narcisista.
It's typical narcissistic behaviour.

brutto = ugly

Questo vecchio maglione è proprio brutto.
This old sweater is really ugly.

incapace = unable

Sono incapace di aiutarti nella questione.
I am unable to help you on the matter.

indeciso = undecided

Non essere così indeciso.
Don't be so undecided.

insolito = unusual

Omar aveva un comportamento insolito.
Omar had unusual behaviour.

sleale = unfair

Sei stato sleale.
You have been unfair.

infelice = unhappy

Sono infelice da troppo tempo.
I have been unhappy for too long.

unito = united

Dobbiamo essere uniti se vogliamo vincere.
We must be united if we want to win.

sconosciuto = unknown

Il numero di persone ferite è ancora sconosciuto.
The number of injured people is still unknown.

improbabile = unlikely

Un temporale in gennaio è abbastanza improbabile.
A thunderstorm in January is quite unlikely.

utile = useful

I consigli che mi dai sono sempre utili.
The advice you give me is always useful.

inutile = useless

Lamentarsi è inutile.
Complaining is useless.

appariscente = flashy

Questo vestito è troppo appariscente per me.
This dress is too flashy for me.

visibile = visible

La cometa sarà visibile stanotte.
The comet will be visible tonight.

debole = weak

Mi sento molto debole oggi.
I am feeling very weak today.

bagnato = wet

Sono scivolata perché il pavimento era bagnato.
I slipped because the floor was wet.

saggio = wise

I miei nonni sono molto saggi.
My grandparents are very wise.

maturo = mature

Lui è molto maturo per la sua età.
He is very mature for his age.

meraviglioso = wonderful

Il viaggio che ho fatto l'anno scorso è stato meraviglioso.
The trip I did last year was wonderful.

wrong = sbagliato

La risposta era sbagliata.
The answer was wrong.

giovane = young

Sei più giovane di me.
You are younger than me.

anziano = elderly

Laura è un'anziana signora.
Laura is an elderly lady.

soleggiato = sunny

Ieri era una giornata soleggiata.
Yesterday was a sunny day.

nuvoloso = cloudy

Oggi il cielo è nuvoloso.
Today the sky is cloudy.

nebbioso = foggy

Era una notte scura e nebbiosa.
It was a dark and foggy night.

ESPRESSIONI COMUNI

SALUTI

saluto = greeting
ciao/ salve = hi, hello
arrivederci = goodbye
a presto = see you soon
a dopo = see you later
a domani = see you tomorrow
buongiorno = good morning
buon pomeriggio = good afternoon
buonasera = good evening
buona notte = good night
benvenuto/a = welcome
buona giornata = have a nice day

AUGURI, FELICITAZIONI E CONDOGLIANZE

tanti auguri = best wishes
buon compleanno = happy birthday
buon Natale = merry Christmas
buona Pasqua = happy Easter
felice anno nuovo = happy new year
buone feste = happy holidays
buon anniversario = happy anniversary
buon fine settimana = have a good weekend
congratulazioni = congratulations
buona fortuna = good luck
cin cin, alla salute = cheers
buon divertimento = have fun
buon appetito = enjoy your meal
salute (a chi starnutisce) = bless you
condoglianze = condolences

APPROVAZIONE E APPREZZAMENTO

sì = yes
certamente = of course
d'accordo = ok, all right
bene = good
benissimo = very good
ottimo = excellent
volentieri = with pleasure
per fortuna = luckily
che sorpresa! = what a surprise!

DISAPPROVAZIONE E RAMMARICO

no = no
mai = never
mai più = never again
niente = nothing
nessuno = nobody
male = bad
malissimo = really bad
che brutto! = how ugly!
che peccato! = what a shame!
purtroppo = unfortunately

RINGRAZIAMENTI E FRASI DI CORTESIA

per favore = please
grazie = thank you, thanks
grazie mille = thank you very much
grazie di tutto = thank you for everything
grazie dell'informazione = thanks for the information
ti ringrazio dell'aiuto = thank you for your help
è molto gentile da parte tua = that's very kind of you
non dovevi = you didn't have to

prego = you're welcome
mi dispiace = I'm sorry
scusa = sorry

PRESENTARSI E FARE CONVERSAZIONE

nome = name
cognome = surname
soprannome = nickname
e = and
forse = maybe, perhaps
come ti chiami? = what's your name?
mi chiamo Sara = my name is Sara
come va? = how are you?
bene, grazie = fine, thank you
non male = not bad
piacere di conoscerti = nice to meet you
di dove sei? = where are you from?
da dove vieni? = where do you come from?
dove abiti? = where do you live?
abito a Milano = I live in Milan
sono di Roma = I'm from Rome
quanti anni hai? = how old are you?
ho 25 anni = I'm 25 years old
cosa ti piace fare? = what do you like to do?
cosa fai? = what are you doing?
è stato un piacere conoscerti = it was nice meeting you

FRASI DI EMERGENZA

aiuto! = help!
aiutatemi! = help me!
al fuoco! = fire!
attento! = watch out!
è pericoloso = it's dangerous

è urgente = it's urgent
ho fretta = I'm in a hurry
mi lasci in pace! = leave me alone!
se ne vada! = go away!
chiamate un'ambulanza! = call an ambulance!
chiamate la polizia! = call the police!
al ladro! = burglar!
sono stato derubato = I was robbed
sono stato aggredito = I was attacked

VERBI

essere = be

Sono stanca.
I am tired.

do = fare

Faccio sempre le faccende di casa la mattina.
I always do chores in the morning.

have = avere

Ho troppi vestiti.
I have too many clothes.

know = conoscere, sapere

La conosco, andavamo a scuola insieme.
I know her, we went to school together.

Sai tante cose per la tua età.
You know a lot for your age.

see = vedere

Ho appena visto uno scoiattolo.
I just saw a squirrel.

eat = mangiare

Mangi fuori questa sera?
Are you eating out tonight?

take = prendere

Prendi il portafoglio sul tavolo.
Take the wallet on the table.

get = ottenere, arrivare, capire, prendere, diventare

Otterrò la mia ricompensa.
I will get my reward.

Mi scusi, sa come arrivare in Piazza della Repubblica?
Excuse me, do you know how to get to Piazza della Repubblica?

Non capisco.
I don't get it.

Andiamo a prendere i nostri bagagli.
Let's go get our luggage.

Stai diventando sempre più alta.
You are getting taller and taller.

think = pensare

Penso spesso al futuro.
I often think about the future.

go = andare

Scusa, devo andare.
Sorry, I have to go.

make = fare, rendere

Di domenica faccio la pizza in casa.
On Sundays, I make pizza at home.

Lei mi rende felice.
She makes me happy.

dovere = must

Dobbiamo completare il nostro compito.
We must complete our task.

come = venire, arrivare

Vieni alla festa questa sera?
Are you coming to the party tonight?

A che ora arriveranno?
What time will they come?

say = dire

Che cosa ha detto Marta?
What did Marta say?

tell = dire, raccontare

Non dirlo a nessuno.
Don't tell anyone.

Sto raccontando una fiaba ai bambini.
I am telling a story to the children.

put = mettere

Dove hai messo il libro?
Where did you put the book?

want = volere

Voglio vincere la competizione.
I want to win the competition.

give = dare

Dai sempre il consiglio giusto.
You always give the right advice.

watch = guardare, osservare

A volte guardo i film in lingua originale.
Sometimes I watch movies in their original language.

find = trovare

Non riesco a trovarle da nessuna parte.
I can't find them anywhere.

need = aver bisogno di

I need you.
Ho bisogno di te.

like = piacere

A Laura piace ballare.
Laura likes dancing.

use = usare

Puoi usare il mio telefono.
You can use my phone.

become = diventare

E il bruco diventò una farfalla.
And the caterpillar became a butterfly.

keep = tenere, continuare

Tenga il resto.
Keep the change.

Qualcuno continua a bussare alla porta.
Someone keeps knocking on the door.

help = aiutare

Voglio aiutarti.
I want to help you.

work = lavorare, funzionare

Lavoro dal lunedì al venerdì.
I work Monday to Friday.

La tua strategia ha funzionato.
Your strategy worked.

let = lasciare, permettere

La polizia mi ha lasciato andare.
The police let me go.

I miei genitori non mi lasciano venire.
My parents won't let me come.

feel = sentire

Come ti senti adesso?
How do you feel now?

provide = fornire

Potresti fornirmi maggiori dettagli?
Could you provide me with more details?

catch = prendere, catturare

La polizia ha preso il ladro.
The police caught the thief.

believe = credere

Devi credere in te stesso.
You have to believe in yourself.

try = provare

Fammi provare!
Let me try!

ask = chiedere

Vorrei chiederti una cosa.
I would like to ask you something.

remember = ricordare

Mi ricordo di te.
I remember you.

leave = lasciare, partire

Chi ha lasciato la finestra aperta?
Who left the window open?

Il treno parte tra dieci minuti.
The train leaves in ten minutes.

show = mostrare

Mi mostreresti i tuoi dipinti?
Would you show me your paintings?

pay = pagare

Vorrei pagare il conto.
I'd like to pay the bill.

run = correre

Il maratoneta ha corso per tre ore.
The marathon runner ran for three hours.

read = leggere

Leggo sempre prima di andare a letto.
I always read before going to bed.

include = includere

Il prezzo include anche il volo.
The price also includes the flight.

bring = portare

Porta l'asciugamano e il costume da bagno.
Bring your towel and swimsuit.

understand = capire

Loro non capiscono la nostra lingua.
They don't understand our language.

start = iniziare

Trovo difficile iniziare la conversazione con gli sconosciuti.
I find it difficult to start a conversation with strangers.

play = giocare, suonare

Gli piace giocare ai videogiochi.
He likes to play video games.

Quando era ragazzina suonava il pianoforte.
When she was a kid, she played the piano.

scegliere = choose

Molte persone scelgono uno stile di vita minimalista.
Many people choose a minimalist lifestyle.

cut = tagliare

Il falegname taglia la legna.
The carpenter cuts the wood.

look = guardare, sembrare

Il gatto guarda attraverso la finestra.
The cat looks through the window.

Sembri triste
You look sad.

live = vivere

Il mio motto è: "Vivi e lascia vivere".
My motto is: "Live and let live".

meet = incontrare, conoscere

Loro si incontreranno per la prima volta.
They will meet for the first time.

È stato un piacere conoscerti.
It was nice to meet you.

move = muovere, traslocare

Non riesco a muovermi dopo l'allenamento di ieri.
I can't move after yesterday's training.

Io e la mia famiglia stiamo traslocando.
My family and I are moving.

drive = guidare

Sto guidando da tre ore.
I've been driving for three hours.

hear = sentire, ascoltare

Ti ho sentito.
I heard you.

Voglio ascoltare una bella canzone.
I want to hear a nice song.

call = chiamare

Chiamate un'ambulanza!
Call an ambulance!

stop = fermare

Nulla può fermarti.
Nothing can stop you.

turn = girare, trasformare

Gira a destra.
Turn right.

La conversazione si è trasformata in un litigio.
The conversation turned into an argument.

talk = parlare

Stanno parlando di lavoro.
They're talking about work.

buy = comprare

Vorrei comprare una nuova macchina.
I would like to buy a new car.

spend = spendere, trascorrere

Quanto hai speso per quelle scarpe?
How much did you spend on those shoes?

Mi piace trascorrere il fine settimana con gli amici.
I like to spend the weekend with friends.

thank = ringraziare

Volevo solo ringraziarti.
I just wanted to thank you.

change = cambiare

Dovrei cambiare la lampadina.
I should change the light bulb.

continue = continuare

Volete continuare il gioco?
Do you want to continue the game?

consider = considerare

Non ho mai considerato l'idea di trasferirmi.
I never considered moving.

set = fissare, stabilire

La data è stata fissata.
The date has been set.

Quest'anno ho stabilito dei chiari obiettivi.
This year I set clear goals.

allow = permettere

I suoi genitori gli hanno permesso di andare alla festa.
His parents allowed him to go to the party.

hope = sperare

Spero di vederti presto.
I hope to see you soon.

produce = produrre

Questa fabbrica produce prodotti tessili.
This factory produces textile products.

stay = rimanere, soggiornare

Puoi rimanere ancora un po'?
Can you stay a little longer?

Soggiorneremo in un albergo a cinque stelle.
We will stay in a five-star hotel.

exit = uscire

Devi uscire dalla stazione.
You must exit the station.

appear = apparire

La macchina è apparsa dal nulla.
The car appeared out of nowhere.

write = scrivere

Sto scrivendo il mio primo libro.
I'm writing my first book.

cook = cucinare

Sai cucinare?
Can you cook?

hold = tenere

Puoi tenere la mia borsa per un momento?
Can you hold my bag for a moment?

expect = aspettarsi

Non mi aspettavo che Sara venisse alla festa.
I didn't expect Sara would come to the party.

ensure = garantire, assicurare

La cintura di sicurezza assicura la protezione dei passeggeri.
The safety belt ensures the protection of passengers.

suppose = supporre

Suppongo che tu abbia ragione.
I suppose you're right.

wish = volere, desiderare, augurare

Vorrei avere di nuovo vent'anni!
I wish I was twenty again!

Ti auguro buona fortuna.
I wish you good luck.

carry = trasportare

Il camion trasportava prodotti alimentari.
The truck was carrying food.

have breakfast = fare colazione

Hai già fatto colazione?
Have you had breakfast yet?

have lunch = pranzare

Di solito pranzo all'una.
I usually have lunch at one.

fare merenda = have a snack

Facciamo merenda.
Let's have a snack.

have dinner = cenare

Ieri sera abbiamo cenato in un ristorante nuovo.
Last night we had dinner in a new restaurant.

follow = seguire

Seguimi, ti mostro la strada.
Follow me, I'll show you the way.

offer = offrire

La signora mi ha offerto un lavoro.
The lady offered me a job.

sing = cantare

Mia mamma sta cantando sotto la doccia.
My mom is singing in the shower.

draw = disegnare

I bambini amano disegnare.
The children love drawing.

paint = dipingere

Dovrò dipingere le pareti.
I'll have to paint the walls.

support = supportare, sostenere

Le colonne supportano il peso del tetto.
The columns support the weight of the roof.

Il preside sostiene la nostra iniziativa.
The principal supports our initiative.

accept = accettare

Ho accettato l'offerta.
I accepted the offer.

speak = parlare

Lei non gli parla più.
She doesn't speak to him anymore.

lead = condurre, portare

La guida ci sta conducendo al campo.
The guide is leading us to the camp.

remain = rimanere

Siamo rimasti amici.
We remained friends.

stand = stare in piedi, sopportare

Le guardie stanno in piedi tutto il giorno.
The guards stand all day.

Non ti sopporto più!
I can't stand you anymore!

suggest = suggerire

Marco ha suggerito questo ristorante.
Marco suggested this restaurant.

hit = colpire

Il pallone colpì la finestra.
The ball hit the window.

open = aprire

Per favore, apri la finestra.
Please, open the window.

begin = cominciare

La partita è appena cominciata.
The game has just begun.

develop = sviluppare

Ho intenzione di sviluppare le foto delle nostre vacanze.
I'm going to develop our holiday photos.

happen = accadere, succedere

Cosa è successo?
What happened?

sit = sedere

Siediti vicino a me.
Sit next to me.

win = vincere

Chi pensi vincerà questa volta?
Who do you think will win this time?

lose = perdere

Mio fratello ha perso le chiavi.
My brother lost his keys.

love = amare

I miei genitori si amano ancora tanto.
My parents still love each other so much.

hate = odiare

Odio fare le faccende domestiche.
I hate doing household chores.

miss = perdere, mancare

Ti sono mancato?
Did you miss me?

Ho perso il treno.
I missed the train.

add = aggiungere

La ricetta dice di aggiungere un po' di sale.
The recipe says to add some salt.

learn = imparare

Questa volta ho imparato dai miei errori.
This time I learned from my mistakes.

create = creare

Il nuovo centro commerciale creerà molti posti di lavoro.
The new shopping centre will create many new jobs.

agree = concordare

Concordo con te.
I agree with you.

apply = applicare, candidarsi

Per ottenere voti migliori devi solo applicarti.
To get better grades you just have to apply yourself.

Manuel si vuole candidare per quel lavoro.
Manuel wants to apply for that job.

view = vedere

Molte persone hanno visto il video del nostro matrimonio.
Many people have viewed the video of our wedding.

wait = aspettare

I miei amici mi stanno aspettando.
My friends are waiting for me.

avoid = evitare

Andando in quella direzione eviteranno la chiusura stradale.
Going that way they will avoid the road closure.

send = mandare, spedire

La sua famiglia mi ha mandato una cartolina.
Her family sent me a postcard.

form = formare

Prima di giocare dobbiamo formare le squadre.
We need to form teams before playing.

explain = spiegare

Il professore sta spiegando la teoria della relatività.
The professor is explaining the theory of relativity.

sell = vendere

Voglio vendere il mio stereo perché non lo uso più.
I want to sell my stereo because I don't use it anymore.

receive = ricevere

Ho ricevuto diversi premi nella mia carriera sportiva.
I have received several awards in my sports career.

joke = scherzare

Stai scherzando?
Are you joking?

have fun = divertirsi

Ci divertiremo in vacanza.
We will have fun on our holiday.

increase = aumentare

L'obiettivo dell'azienda è di aumentare le vendite del 20%.
The company's goal is to increase sales by 20%.

voice = esprimere

Non avere paura di esprimere la tua opinione.
Don't be afraid to voice your opinion.

join = aderire, unirsi

Posso unirmi al gruppo?
Can I join the group?

reduce = ridurre

Se vogliamo salvare il Pianeta, dobbiamo ridurre drasticamente il consumo di alimenti di origine animale.

If we want to save the planet, we need to drastically reduce animal products consumption.

save = salvare, risparmiare

I vigili del fuoco hanno salvato la famiglia dall'incendio.
Firefighters saved the family from the fire.

Sto risparmiando i soldi per fare una vacanza.
I'm saving money for a vacation.

marry = sposare

Vogliono sposarsi.
They want to marry.

require = richiedere

Quel compito non richiede tanto tempo.
That task doesn't require much time.

fall = cadere

La nonna è caduta dalle scale.
Grandma fell down the stairs.

mind = dispiacere, dare importanza

Ti dispiace se prendo la sedia?
Do you mind if I take the chair?

Lui dà importanza a questi piccoli errori.
He minds these little mistakes.

build = costruire

Il grattacielo è stato costruito molto velocemente.
The skyscraper was built very quickly.

achieve = raggiungere, ottenere

Come hai raggiunto questi risultati?
How did you achieve these results?

choose = scegliere

Eleonora sta scegliendo il suo abito da sposa.
Eleonora is choosing her wedding dress.

prevent = impedire, prevenire

Il mal di gola gli impedirà di cantare.
The sore throat will prevent him from singing.

decide = decidere

Hai già deciso cosa vuoi per il tuo compleanno?
Have you already decided what you want for your birthday?

deal = affrontare

Prima o poi dovrò affrontare la dura verità.
Sooner or later, I'll have to deal with the harsh truth.

enjoy = godere, piacere

I enjoy watching tv series.
Mi piace guardare le serie tv.

walk = camminare

Stavo camminando nel bosco quando ho visto una volpe.
I was walking in the woods when I saw a fox.

cover = coprire

L'assassino coprì le sue tracce.
The killer covered his tracks.

improve = migliorare

Voglio migliorare il mio inglese.
I want to improve my English.

tend = tendere

Tendo ad arrabbiarmi facilmente.
I tend to get angry easily.

raise = aumentare, sollevare

Hanno aumentato i prezzi.
They raised the prices.

Queste belle notizie mi hanno sollevato di morale.
This good news raised my spirits.

forget = dimenticare

Ho dimenticato la password della mia e-mail.
I forgot my email password.

imagine = immaginare

Come immagini il giorno del tuo matrimonio?
How do you imagine your wedding day?

mean = significare

Cosa significa?
What does it mean?

begin = cominciare

A che ora inizia il film?
What time does the movie begin?

act = comportarsi, agire, recitare

Non comportarti così.
Don't act like that.

È necessario agire in fretta.
It is necessary to act quickly.

Amo recitare.
I love acting.

pick = scegliere, raccogliere

Scegli una carta dal mazzo.
Pick a card from the pack.

Il bambino raccolse un fiore.
The child picked a flower.

cause = causare

Cosa ha causato la fuoriuscita del gas?
What caused the gas leak?

cost = costare

Questa casa ci è costata molto.
This house cost us a lot.

pass = passare

Il bus è appena passato.
The bus just passed.

break = rompere

Feci una battuta per rompere il ghiaccio.
I made a joke to break the ice.

prove = dimostrare

Cosa stai cercando di dimostrare?
What are you trying to prove?

discuss = discutere

Loro discussero molto del problema.
They discussed the problem a lot.

listen = ascoltare

Ho ascoltato attentamente la lezione.
I listened carefully to the lesson.

maintain = mantenere

È difficile mantenere l'equilibrio.
It is difficult to maintain balance.

end = finire

La loro relazione è finita.
Their relationship ended.

exist = esistere

Credo che gli alieni esistano.
I believe aliens exist.

reach = raggiungere, arrivare

Non ho ancora raggiunto i miei obiettivi.
I haven't reached my goals yet.

Finalmente siamo arrivati a destinazione.
We finally reached our destination.

seek = cercare

Sto cercando lavoro da mesi.
I've been seeking a job for months.

grow = crescere, coltivare

Tua figlia è cresciuta molto.
Your daughter has grown a lot.

Sto coltivando un piccolo orto sul balcone.
I'm growing a small vegetable garden on the balcony.

check = controllare

Potresti controllare se hai ricevuto quell'email?
Could you check if you got that email?

serve = servire

Il cameriere sta servendo bibite fresche.
The waiter is serving fresh drinks.

share = condividere

Ho condiviso tutte le foto del viaggio sul mio profilo.
I shared all the photos from the trip on my profile.

establish = stabilire

Prima di giocare, dobbiamo stabilire le regole.
Before we play, we need to establish the rules.

enter = entrare, inserire

I ragazzi entrarono nella casa abbandonata.
The boys entered the abandoned house.

È necessario inserire la password.
You need to enter the password.

control = controllare, tenere sotto controllo

Il drone è controllato da quei ragazzi laggiù.
The drone is controlled by those guys over there.

Devi tenere sotto controllo la tua rabbia.
You need to control your anger.

die = morire

Milioni di persone morirono durante la Seconda Guerra Mondiale.
Millions of people died during the Second World War.

encourage = incoraggiare

Un bravo allenatore incoraggia i suoi atleti.
A good coach encourages his athletes.

bear = sopportare

Non sopporto il dolore.
I can't bear the pain.

answer = rispondere

Qualcuno risponda al telefono, per favore.
Someone answer the phone, please.

protect = proteggere

Il casco lo ha protetto nell'incidente.
The helmet protected him in the accident.

notice = notare

Hai notato qualcosa di strano?
Did you notice anything strange?

identify = identificare

I ricercatori hanno identificato le cause della malattia.
Researchers identified the causes of the disease.

visit = visitare

Voglio visitare il Giappone.
I want to visit Japan.

care = interessarsi, voler bene

Non mi interessa.
I don't care.

Tuo fratello ti vuole bene.
Your brother cares about you.

enable = permettere

La borsa di studio le ha permesso di studiare all'estero.
The scholarship enabled her to study abroad.

affect = influenzare, colpire

La Luna influenza le maree.
The Moon affects the tides.

La crisi economica ha colpito soprattutto le persone più povere.
The economic crisis has mainly affected the poorest people.

claim = sostenere, rivendicare

Quell'uomo sostiene di aver visto gli alieni.
That man claims to have seen aliens.

Le popolazioni indigene rivendicano i loro diritti.
Indigenous peoples claim their rights.

obtain = ottenere

Ha ottenuto la licenza di volo.
He obtained his flight license.

represent = rappresentare

Cosa rappresenta questo dipinto?
What does this painting represent?

contain = contenere

La scatola contiene dolci e caramelle.
The box contains sweets and candies.

beat = battere, picchiare

La nostra squadra ha battuto la loro.
Our team beat theirs.

Il ragazzo è stato picchiato dai delinquenti.
The boy was beaten by the criminals.

spread = diffondere

La notizia si è diffusa rapidamente.
The news spread quickly.

worry = preoccupare, preoccuparsi

Non preoccuparti per me.
Don't worry about me.

wonder = chiedersi

Ti sei mai chiesto quanti anni ho?
Have you ever wondered how old I am?

afford = permettersi

Forse possiamo permetterci quella vacanza costosa.
Maybe we can afford that expensive vacation.

fit = stare (di misura)

Quel vestito non mi sta più.
That dress doesn't fit me anymore.

kill = uccidere

Il serial killer ha ucciso sei persone.
The serial killer killed six people.

describe = descrivere

Come descriveresti il tuo stile?
How would you describe your style?

place = mettere, collocare

Abbiamo messo l'albero di Natale al centro della stanza.
We placed the Christmas tree in the centre of the room.

park = parcheggiare

C'è molto spazio dove parcheggiare.
There is a lot of space to park.

wear = vestire

Edward indossa uno strano cappello.
Edward wears a strange hat.

argue = discutere, litigare

I miei genitori litigano spesso.
My parents argue a lot.

involve = implicare, coinvolgere, comportare

È un lavoro che implica dei seri rischi.
It's a job that involves serious risks.

Non voglio coinvolgerti nei miei problemi.
I don't want to involve you in my problems.

lie = mentire

Lui sta mentendo.
He's lying.

contact = contattare

Il tuo lavoro sarà contattare i clienti.
Your job will be to contact clients.

assume = presumere

Presumiamo che ciò che dici sia vero.
Let's assume what you're saying is true.

manage = gestire

Come gestisci lo stress?
How do you manage stress?

remove = rimuovere

Il negozio ha rimosso il cartello.
The shop removed the sign.

determine = determinare

Non possiamo ancora determinare il risultato.
We can't determine the outcome yet.

fight = lottare, combattere

I due pugili stanno combattendo.
The two boxers are fighting.

pull = tirare

I bambini si stanno tirando i capelli.
The children are pulling their hair.

realise = accorgersi, rendersi conto

Mi sono reso conto di aver dimenticato la borsa a casa.
I realised I forgot my bag at home.

fill = riempire

Riempi la borraccia prima di uscire.
Fill your bottle before you go out.

refer = riferire

Mi ha pregato di non riferire a nessuno questa faccenda.
He begged me not to refer the matter to anyone.

gain = ottenere

Ho ottenuto esperienza lavorando lì.
I gained experience working there.

face = affrontare

Devi affrontare la realtà.
You have to face reality.

examine = esaminare

Il dottore ti esaminerà il prima possibile.
The doctor will examine you as soon as possible.

prefer = preferire

Preferisco non dire la mia età.
I prefer not to say my age.

travel = viaggiare

Ti piace viaggiare?
Do you like travelling?

admit = ammettere

Lei non sa ammettere i propri errori.
She can't admit her mistakes.

recognise = riconoscere

Non mi ha riconosciuto.
She didn't recognise me.

hurt = ferire, far male

Le sue parole lo hanno ferito.
Her words hurt him.

La ferita mi fa molto male.
The wound hurts a lot.

respond = rispondere

Mi hanno fatto rispondere a un questionario.
They made me respond to a questionnaire.

sleep = dormire

Di solito dormo otto ore a notte.
I usually sleep eight hours per night.

introduce = presentare, introdurre

Lascia che ti presenti a mia madre.
Let me introduce you to my mother.

Nel cinema è vietato introdurre cibo.
It is forbidden to introduce food in the movie theatre.

depend = dipendere

Il successo dipende da molti fattori.
Success depends on many factors.

survive = sopravvivere

L'uomo è sopravvissuto sette giorni su un'isola deserta.
The man survived seven days on a desert island.

suffer = soffrire

Lei soffre di insonnia.
She suffers from insomnia.

notice = notare

Hai notato il mio nuovo taglio di capelli?
Did you notice my new haircut?

close = chiudere

Chiudi la porta, per favore.
Close the door, please.

result = risultare

Un punteggio inferiore a 6 avrà come risultato la bocciatura.
A score lower than 6 will result in failing the test.

replace = sostituire

Presto dovrò sostituire il mio cellulare.
I'll have to replace my cell phone soon.

complete = completare

Ho completato la mia lista di cose da fare.
I completed my to-do list.

miss = mancare

I miei nonni mi mancano molto.
I miss my grandparents a lot.

rise = aumentare, sorgere

I prezzi delle case sono aumentati.
House prices have risen.

Il sole sorge ogni mattina.
The sun rises every morning.

weigh = pesare

Quanto pesa lo zaino?
How much does the backpack weigh?

present = presentare

Abbiamo presentato alla classe un nuovo progetto.
We presented a new project to the class.

arise = sorgere

Sono sorti alcuni problemi nella relazione.
Some problems have arisen in the relationship.

point = puntare, indicare

Il bambino indica il gatto.
The child points to the cat.

Lui gli puntò contro la pistola.
He pointed the gun at him.

fail = fallire, mancare

Ho fallito l'esame della patente.
I failed my driver's test.

promote = promuovere

Alberto è stato promosso al ruolo di manager.
Alberto was promoted to manager.

return = tornare, restituire

Sono appena tornata a casa dal festival.
I have just returned home from the festival.

Devo restituire il libro a mia zia.
I need to return the book to my aunt.

perform = eseguire, esibirsi

Mi esibirò di fronte a migliaia di persone.
I will perform in front of thousands of people.

Ha eseguito un tuffo perfetto.
She performed a perfect dive.

discover = scoprire

Da piccola amavo scoprire sempre cose nuove.
As a child, I always loved discovering new things.

express = esprimere

Esprimere i propri sentimenti fa bene.
Expressing your feelings is good.

drink = bere

Dovrei bere più acqua.
I should drink more water.

mention = menzionare, citare

Potresti citare l'autore?
Could you mention the author?

concentrate = concentrare, concentrarsi

Mi concentro meglio quando sto da solo.
I concentrate better when I'm alone.

benefit = beneficiare

Molte aziende hanno beneficiato del sussidio.
Many companies have benefited from the subsidy.

treat = trattare, curare

Bisogna trattare gli animali come esseri senzienti, non come oggetti.
Animals should be treated as sentient beings, not as objects.

Come si cura l'infezione?
How do you treat the infection?

hang = appendere

Puoi appendere qui il cappotto.
You can hang your coat here.

smile = sorridere

Lui mi ha sorriso.
He smiled at me.

throw = lanciare, gettare

Non gettare immondizia per terra!
Do not throw garbage on the floor!

prepare = preparare, prepararsi

La ragazza si sta preparando alla competizione.
The girl is preparing for the competition.

drop = cadere, far cadere

Ho fatto cadere il telefono troppe volte.
I dropped the phone too many times.

study = studiare

Vuoi studiare con me questo pomeriggio?
Do you want to study with me this afternoon?

push = spingere

Per aprire la porta devi spingere.
To open the door, you have to push.

press = premere

Premi il pulsante per iniziare.
Press the button to start.

report = riferire, segnalare

Dovrò segnalare al capo ciò che hai fatto.
I'll have to report to the boss what you did.

arrive = arrivare

Siamo arrivati in anticipo.
We arrived early.

sound = suonare, sembrare

Sembra una buona idea.
Sounds like a good idea.

Le tue parole mi suonano strane.
Your words sound strange to me.

finish = finire

Hai finito la verifica prima degli altri.
You finished the test before the others.

secure = assicurare, fissare

Il cantante si è assicurato il suo posto nel festival.
The singer secured his place in the festival.

Fissalo con il cacciavite.
Secure that with a screwdriver.

collect = raccogliere, collezionare

I social network raccolgono le informazioni degli utenti.
Social networks collect user information.

Colleziono conchiglie da molti anni.
I have been collecting shells for many years.

escape = scappare

Il detenuto è scappato dal carcere.
The prisoner escaped from prison.

teach = insegnare

La mia professoressa insegna in un modo molto appassionante.
My teacher teaches in a very exciting way.

last = durare

Il loro matrimonio durò dodici anni.
Their marriage lasted twelve years.

welcome = accogliere

Ci hanno accolti nella loro casa.
They welcomed us into their home.

rely = fare affidamento

Fai troppo affidamento su di lei.
You rely too much on her.

trust = fidarsi

Non mi fido più di te.
I don't trust you anymore.

match = combaciare

Le impronte digitali combaciano.
The fingerprints match.

contribute = contribuire

Mio figlio dovrebbe contribuire di più alle faccende di casa.
My child should contribute more to the housework.

repeat = ripetere

Non ripeterti così tanto.
Don't repeat yourself so much.

supply = fornire

La fabbrica fornisce centinaia di aziende.
The factory supplies hundreds of companies.

plan = pianificare

L'esercito pianificò l'attacco militare.
The army planned the military attack.

confirm = confermare

Può confermare l'appuntamento di domani?
Can you confirm tomorrow's appointment?

appreciate = apprezzare

Apprezzo molto il tuo interessamento.
I appreciate your interest.

overcome = superare

Voglio superare i miei limiti.
I want to overcome my limits.

attempt = tentare

La donna tenterà di superare il record mondiale.
The woman will attempt to overcome the world record.

handle = gestire

Riesci a gestire la situazione?
Can you handle the situation?

attract = attrarre

Il suo carisma attrae molte persone.
Her charisma attracts many people.

assist = assistere, aiutare

I will be happy to assist you with the procedure.
Sarò felice di aiutarla con la procedura.

influence = influenzare

Quell'uomo ha il potere di influenzare le persone.
That man has the power to influence people.

split = dividere

Loro hanno diviso i costi.
They split the costs.

experience = sperimentare, provare

Non ho mai provato un dolore così forte.
I have never experienced such strong pain.

Gli adolescenti vogliono sperimentare molte cose.
Teenagers want to experience many things.

adopt = adottare

I miei zii hanno adottato un bambino.
My aunt and uncle adopted a baby.

sign = firmare

Ho firmato il contratto.
I signed the contract.

touch = toccare

Non toccare i vetri puliti.
Do not touch the clean windows.

fear = temere, aver paura

Temo di non avercela fatta.
I fear I didn't make it.

ignore = ignorare

Semplicemente ignora le critiche.
Just ignore the criticism.

compare = confrontare, paragonare

Non puoi paragonarmi a lei.
You cannot compare me to her.

exercise = esercitarsi, allenarsi

Mi alleno tre volte a settimana.
I exercise three times a week.

demonstrate = dimostrare

Lascia che ti dimostri come funziona questa macchina.
Let me demonstrate how this machine works.

persuade = persuadere

Alla fine, il bambino ha persuaso la mamma.
Eventually, the child persuaded his mother.

guess = indovinare, intuire

Fammi indovinare la tua età.
Let me guess your age.

record = registrare

La band ha registrato un nuovo disco.
The band recorded a new record.

vote = votare

Tra meno di un mese si dovrà votare.
In less than a month we will have to vote.

explore = esplorare

Stiamo andando ad esplorare la zona.
We're going to explore the area.

blame = incolpare, biasimare

Non ti biasimo per ciò che hai fatto.
I don't blame you for what you did.

deny = negare

Lei nega di aver commesso un errore.
She denies she made a mistake.

hide = nascondere, nascondersi

Il mio coniglio ama nascondersi sotto il letto.
My rabbit likes to hide under the bed.

focus = concentrare

Sofia, concentrati sulla verifica.
Sofia, focus on the test.

deliver = consegnare

Il pacco è stato consegnato ieri.
The package was delivered yesterday.

refund = rimborsare

Mi hanno detto che non mi possono rimborsare.
They told me they can't refund me.

succeed = avere successo, riuscire

Ci è riuscita al secondo tentativo.
She succeeded on the second attempt.

refuse = rifiutare, rifiutarsi

Lei ha rifiutato di essere aiutata.
She refused to be helped.

force = forzare, costringere

Non puoi costringere qualcuno a venire con te.
You can't force someone to come with you.

demand = chiedere, esigere

Loro chiedono giustizia.
They demand justice.

recognise = riconoscere

Non mi riconosci? Sono io!
Don't you recognise me? It's me!

count = contare, avere importanza

Conteremo tutti i partecipanti.
We will count all the participants.

Ogni voto conta.
Every vote counts.

doubt = dubitare

Dubito di riuscire a mangiare tutto questo.
I doubt I can eat all of this.

belong = appartenere

Quello zaino appartiene a me.
That backpack belongs to me.

justify = giustificare

Non giustificare il suo comportamento.
Don't justify his behaviour.

advise = consigliare

Il mio medico mi ha consigliato di fare più esercizio.
My doctor advised me to do more exercise.

defend = difendere

Lei sa come difendersi.
She knows how to defend herself.

laugh = ridere

Non ho mai riso così tanto in vita mia.
I've never laughed so much in my life.

dare = osare

Come osi dirmi una cosa così?
How dare you tell me such a thing?

acquire = acquisire

Dobbiamo acquisire competenze informatiche.
We need to acquire computer skills.

recover = recuperare

Abbiamo recuperato la maggior parte dei costi.
We recovered most of the costs.

generate = generare

L'azienda genera profitti sempre più alti.
The company is generating higher and higher profits.

suspect = sospettare

Lei non sospetta nulla.
She doesn't suspect anything.

earn = guadagnare

Guadagno abbastanza per sostenere la mia famiglia.
I earn enough to support my family.

bet = scommettere

Scommetto che vincerò io.
I bet I'll win.

destroy = distruggere

Lui distrusse tutte le prove della sua colpevolezza.
He destroyed all evidence of his guilt.

rest = riposare

Ho bisogno di riposare.
I need to rest.

judge = giudicare

Non giudicare ciò che non conosci.
Don't judge what you don't know.

pursue = perseguire

Vale sempre la pena perseguire i propri sogni.
It is always worth pursuing your dreams.

comment = commentare

Non voglio commentare le accuse.
I do not want to comment on the accusations.

satisfy = soddisfare

Il nuovo disco ha soddisfatto tutti i loro fan.
The new record satisfied all their fans.

compete = competere

Non posso competere contro di lei.
I can't compete with her.

resist = resistere

Non riesco a resistere alla cioccolata.
I can't resist chocolate.

solve = risolvere

Non riesco a risolvere l'equazione.
I can't solve the equation.

lift = sollevare

Riesci a sollevare il tavolo?
Can you lift the table?

select = selezionare

Sono stato selezionato per il talent show!
I've been selected for the talent show!

measure = misurare

Da quanto tempo non misuri la tua altezza?
How long haven't you measured your height?

recommend = raccomandare, consigliare

Ti consiglio di cenare in quel ristorante.
I recommend you have dinner at that restaurant.

order = ordinare

Possiamo ordinare?
Can we order?

transfer = trasferire

Devo trasferire i miei soldi sul conto corrente.
I need to transfer my money to the current account.

attack = attaccare

Il cane mi ha improvvisamente attaccato.
The dog suddenly attacked me.

expand = espandere

L'azienda vuole espandersi in altri Paesi.
The company wants to expand to other countries.

relax = rilassarsi

Ieri ci siamo rilassati in spiaggia.
We relaxed on the beach yesterday.

participate = partecipare

Voglio partecipare alla lotteria.
I want to participate in the lottery.

behave = comportarsi

I bambini si sono comportati bene.
The children behaved well.

remind = ricordare

Grazie per avermi ricordato l'appuntamento.
Thank you for reminding me of the appointment.

review = recensire, rivedere

David recensisce prodotti elettronici sul suo blog.
David reviews electronic products on his blog.

Questo articolo ha bisogno di essere rivisto.
This article needs to be reviewed.

employ = impiegare, dare lavoro

L'azienda dà lavoro ad oltre un centinaio di persone.
The company employs over a hundred people.

wash = lavare

Lava i tuoi vestiti sporchi.
Wash your dirty clothes.

observe = osservare

Li ho osservati mentre litigavano.
I observed them while they were arguing.

insist = insistere

Mia sorella insiste per venire con noi al concerto.
My sister insists on coming with us to the concert.

ride = cavalcare, guidare

Non vedo l'ora di cavalcare le onde con la mia tavola da surf.
I can't wait to ride the waves with my surfboard.

jump = saltare

Il mio coniglio salta quando è felice.
My rabbit jumps when he is happy.

switch = passare, scambiare

Possiamo scambiare i nostri posti?
Can we switch our seats?

train = allenare, addestrare

Mi sto allenando duramente per la gara.
I'm training hard for the competition.

Sto cercando di addestrare il mio cane.
I'm trying to train my dog.

cry = piangere, gridare

Ha pianto tutto il giorno.
She cried all day.

"Qualcuno mi aiuti!", gridò.
"Somebody help me!", he cried.

clean = pulire

Puoi pulire il tavolo della cucina?
Can you clean the kitchen table?

invest = investire

Mio zio ha cominciato ad investire in borsa.
My uncle started investing in the stock market.

limit = limitare

Stanno cercando di limitare il danno ambientale.
They are trying to limit environmental damage.

own = possedere

Cristiano Ronaldo possiede molte automobili di lusso.
Cristiano Ronaldo owns many luxury cars.

challenge = sfidare

Voglio sfidarti a braccio di ferro.
I want to challenge you to arm wrestle.

seem = sembrare

Sembra un buon affare.
It seems like a good deal.

withdraw = ritirare, prelevare

Devo prelevare un po' di soldi.
I need to withdraw some money.

L'esercito si ritirò.
The army withdrew.

possess = possedere

Lui possiede questi terreni.
He possesses these lands.

communicate = comunicare

Voglio imparare a comunicare meglio.
I want to learn how to communicate better.

climb = scalare

Ha deciso di scalare il Monte Everest.
He decided to climb Mount Everest.

gather = raccogliere

Si è radunata una folla sulla strada.
A crowd gathered in the street.

separate = separare

Sto separando la frutta marcia da quella buona.
I'm separating the bad fruit from the good one.

resolve = risolvere

Finalmente abbiamo risolto il problema.
We finally resolved the problem.

reject = rifiutare

La mia candidatura è stata rifiutata.
My application was rejected.

inform = informare

È importante informare i pazienti sul rischio dell'intervento.
It is important to inform patients about the risk of surgery.

conclude = concludere

Il giudice ha concluso che la donna era colpevole.
The judge concluded that the woman was guilty.

shoot = sparare

Gli hanno sparato.
They shot him.

borrow = prendere in prestito

Posso prendere in prestito il tuo libro?
Can I borrow your book?

rent = affittare, noleggiare

Vorrei noleggiare un motorino.
I would like to rent a scooter.

question = interrogare, dubitare

Mi ha fatto dubitare della sua fedeltà.
He made me question his faithfulness.

promise = promettere

Me lo prometti?
Do you promise me?

risk = rischiare

Non voglio rischiare.
I don't want to risk it.

purchase = comprare

Ho comprato un nuovo cellulare.
I purchased a new cell phone.

propose = proporre

Propongo di andare in spiaggia, che ne dici?
I propose going to the beach, what do you say?

celebrate = festeggiare, celebrare

Oggi i miei nonni festeggiano il loro cinquantesimo anniversario di matrimonio.
My grandparents are celebrating their fiftieth wedding anniversary today.

charge = caricare, addebitare

Devo caricare il mio cellulare.
I have to charge my phone.

La mia banca mi ha addebitato cinquanta sterline per aver rifiutato un pagamento.
My bank charged me fifty pounds for rejecting a payment.

research = ricercare, indagare

Ho bisogno di fare ricerche prima di poter scrivere l'articolo.
I need to research before I can write the article.

phone = telefonare

Ho cercato di chiamarti prima.
I tried to phone you earlier.

waste = sprecare

Non sprecare il cibo.
Don't waste food.

dance = ballare

Abbiamo ballato tutta la notte.
We danced all night.

wake = svegliare, svegliarsi

Domani devo svegliarmi alle otto e mezza.
I have to wake up at half past eight tomorrow.

pray = pregare

Mia nonna prega sempre prima di iniziare a mangiare.
My grandmother always prays before she starts eating.

disappear = scomparire

L'uomo è scomparso quattro giorni fa.
The man disappeared four days ago.

score = segnare

Lui ha segnato il gol decisivo.
He scored the decisive goal.

slip = scivolare

Sono scivolata sul pavimento bagnato.
I slipped on the wet floor.

excuse = scusare

Scusami, sai dove si trova la stazione?
Excuse me, do you know where the station is?

publish = pubblicare

Sono stati pubblicati i risultati dell'esame.
The exam results have been published.

link = collegare

Avrai bisogno di un cavo per collegare la stampante al computer.
You will need a cable to link the printer to the computer.

forgive = perdonare

Puoi perdonarmi?
Can you forgive me?

negotiate = negoziare

Sto provando a negoziare.
I'm trying to negotiate.

analyse = analizzare

Stiamo analizzando il mercato.
We're analysing the market.

upset = sconvolgere, arrabbiare

Questa notizia mi ha sconvolto.
The news upset me.

damage = danneggiare

Il mio cane ha danneggiato la tappezzeria.
My dog damaged the upholstery.

lend = prestare

Puoi prestarmi la tua penna?
Can you lend me your pen?

react = reagire

Per fortuna ha reagito velocemente.
Fortunately, she reacted quickly.

organise = organizzare

Stiamo organizzando l'addio al nubilato di Anna.
We're organising Anna's bachelorette party.

deserve = meritare

Te lo sei meritato.
You deserved it.

head = dirigere, dirigersi

Ci stiamo dirigendo a Parigi.
We're heading to Paris.

sustain = sostenere

Non posso più sostenere questa situazione.
I cannot sustain this situation anymore.

consist = consistere

In cosa consiste la verifica?
What does the test consist of?

blow = soffiare

Soffia sulle candeline ed esprimi un desiderio!
Blow the candles and make a wish!

mix = mescolare

Devi mescolare l'impasto.
You have to mix the dough.

guide = guidare

Lei ha bisogno di qualcuno che la guidi e la supporti.
She needs someone to guide and support her.

convince = convincere

Mi hai convinto ad iscrivermi in palestra.
You convinced me to join the gym.

practise = praticare, esercitarsi

Pratico le arti marziali da cinque anni.
I have been practising martial arts for five years.

knock = bussare

Qualcuno ha bussato alla porta.
Someone knocked on the door.

invite = invitare

Sei invitato alla mia festa di compleanno.
You're invited to my birthday party.

burn = bruciare

Le verdure si sono bruciate.
The vegetables burned.

abandon = abbandonare

Gli animali da compagnia non devono mai essere abbandonati.
Pets must never be abandoned.

reply = rispondere

Devo rispondere a un sacco di e-mail.
I have to reply to a lot of emails.

fix = sistemare, aggiustare

Tranquillo, aggiusto io la mensola.
Don't worry, I'll fix the shelf.

pretend = fingere

Non fingere di non ricordati.
Don't pretend you don't remember.

divide = dividere

Il Muro di Berlino divideva la parte Est dalla parte Ovest della città.
The Berlin Wall divided the eastern from the western part of the city.

search = cercare

La polizia sta cercando degli indizi.
Police are searching for clues.

rule = governare, comandare

Un giorno governeremo il mondo!
One day we will rule the world!

process = elaborare

Lui non riesce ancora ad elaborare il lutto di sua madre.
He cannot process his mother's death yet.

smoke = fumare

Finalmente hai smesso di fumare!
You finally quit smoking!

smell = annusare, puzzare

Adoro annusare il profumo del basilico.
I love smelling the scent of basil.

My dog smells when he is wet.
Il mio cane puzza quando è bagnato.

warn = avvisare

Ti avevo avvisato.
I had warned you.

eliminate = eliminare

Abbiamo già eliminato una possibilità.
We have already eliminated one possibility.

kiss = baciare

Mi ha baciato per primo.
He kissed me first.

announce = annunciare

L'atleta ha annunciato che si ritirerà dopo la competizione.
The athlete has announced that he will retire after the competition.

evaluate = valutare

Voglio far valutare i miei gioielli d'oro.
I want my gold jewels evaluated.

retire = ritirarsi, andare in pensione

Mio papà andrà in pensione l'anno prossimo.
My dad is retiring next year.

adjust = regolare

Fammi regolare le impostazioni.
Let me adjust the settings.

breathe = respirare

Respira lentamente.
Breathe slowly.

approve = approvare

Il progetto è stato approvato.
The project was approved.

calculate = calcolare

Dobbiamo calcolare quanto ci costerà questo viaggio.
We need to calculate how much this trip will cost us.

occupy = occupare

Ogni mattina mia sorella occupa il bagno per un'ora.
Every morning my sister occupies the bathroom for an hour.

print = stampare

Voglio stampare alcune foto.
I want to print some photos.

free = liberare

La polizia sta per liberare gli ostaggi.
The police are about to free the hostages.

adapt = adattare

Non mi sono ancora adattato alla nuova città.
I still haven't adapted to my new city.

design = progettare

Stiamo progettando una nuova app.
We are designing a new app.

shout = gridare

Non gridare.
Don't shout.

estimate = stimare

Gli esperti stimano che i costi siano superiori al milione di euro.
Experts estimate the costs are over one million euros.

regret = rimpiangere

Un giorno rimpiangerai di non aver seguito i tuoi sogni.
Someday you will regret not following your dreams.

list = elencare

Per vincere devi elencare il maggior numero di città con la lettera "B".
To win you must list as many of the cities with the letter "B".

dress = vestire

La mia bambina ha imparato a vestirsi da sola.
My little girl learned to dress herself.

access = accedere

Non riesco ad accedere al mio conto bancario.
I can't access my bank account.

delay = ritardare

Hanno ritardato la data di uscita della serie tv.
They delayed the release date of the TV series.

copy = copiare

Non ho copiato durante la verifica.
I haven't copied it during the test.

respect = rispettare

Rispetto la tua opinione.
I respect your opinion.

capture = catturare

La telecamera ha catturato il momento dell'incidente.
The camera captured the moment of the accident.

transform = trasformare

Il libro parla di un uomo che si trasforma in un lupo.
The book is about a man who can transform himself into a wolf.

perceive = percepire

Percepisco una strana sensazione.
I perceive a strange sensation.

function = funzionare

Il computer non funziona correttamente.
The computer doesn't function properly.

quit = smettere, licenziarsi

Ho deciso di licenziarmi.
I decided to quit.

Lei ha smesso di fumare un anno fa.
She quit smoking a year ago.

accompany = accompagnare

Mi accompagni alla festa?
Will you accompany me to the party?

swim = nuotare

In estate vado a nuotare ogni mattina.
In the summer I go swimming every morning.

correct = correggere

La professoressa sta correggendo i compiti.
The teacher is correcting homework.

cancel = cancellare, annullare

La conferenza è stata cancellata.
The conference was cancelled.

sail = navigare

Stiamo navigando da circa una settimana.
We have been sailing for about a week.

steal = rubare

Mi hanno rubato il portafoglio.
Someone stole my wallet.

oppose = opporsi

Si è opposta al loro matrimonio.
She opposed their marriage.

hurry = affrettarsi, sbrigarsi

Devi affrettarti se vuoi arrivare in tempo.
You have to hurry if you want to arrive on time.

organise = organizzare

Stiamo organizzando un torneo di tennis.
We are organising a tennis tournament.

light = illuminare, accendere

Stiamo accendendo un falò.
We are lighting a bonfire.

slow = rallentare

Alcuni medicinali potrebbero rallentare la guarigione.
Some medicines may slow the healing.

arrest = arrestare

L'uomo è stato arrestato per omicidio.
The man was arrested for murder.

concern = interessare, riguardare

I suoi problemi non mi riguardano.
His problems don't concern me.

swear = giurare, imprecare

Lo giuro, sto dicendo la verità.
I swear, I'm telling the truth.

Quando mi arrabbio impreco molto.
When I get angry, I swear a lot.

highlight = evidenziare

Sto evidenziando solo le cose più importanti.
I'm only highlighting the most important things.

repair = riparare

Mio zio sa riparare i computer.
My uncle knows can repair computers.

conform = conformare, conformarsi

Alcuni ragazzini hanno bisogno di conformarsi al loro gruppo.
Some kids need to conform to their group.

attach = attaccare, allegare

Ti ho allegato la fotocopia della mia carta d'identità.
I attached the photocopy of my ID card to you.

dream = sognare

Sogno di aprire il mio ristorante.
I'm dreaming about opening my restaurant.

rush = correre, affrettarsi

Sto correndo in ufficio.
I'm rushing to the office.

grab = afferrare

Per fortuna hai afferrato il piatto prima che cadesse.
Luckily you grabbed the plate before it fell.

calm = calmare

Devo calmare il mio cane, è molto agitato.
I have to calm my dog, he is very upset.

protest = protestare

La folla sta protestando contro le fabbriche che inquinano la città.
The crowd is protesting against the factories that pollute the city.

balance = bilanciare

Sto cercando di bilanciare la vita privata e quella lavorativa.
I'm trying to balance my private and work life.

beg = implorare, mendicare

Mi stava implorando in ginocchio.
He was begging me on his knees.

Lui era solito mendicare in strada.
He used to beg on the streets.

fire = licenziare

Sono stato licenziato.
I was fired.

block = bloccare

Gli ingranaggi si potrebbero bloccare.
The gears could block.

admire = ammirare

Ti ammiro molto.
I admire you a lot.

disagree = dissentire, non essere d'accordo

Non sono d'accordo con voi.
I disagree with you.

connect = collegare, connettersi

Mi sto connettendo al Wi-Fi.
I'm connecting to Wi-Fi.

update = aggiornare

Devo aggiornare il sistema operativo del cellulare.
I need to update the mobile operating system.

modify = modificare

Ho leggermente modificato la ricetta.
I slightly modified the recipe.

tie = legare

Il rapitore ha legato gli ostaggi.
The kidnapper tied the hostages.

embark = imbarcare

I passeggeri sono invitati ad imbarcarsi.
Passengers are invited to embark.

anticipate = anticipare, prevedere

Non sono riuscito a prevedere i rischi.
I couldn't anticipate the risks.

stare = fissare

Quella persona continua a fissarmi.
That person keeps staring at me.

command = comandare, ordinare

Un uomo burbero ci ha ordinato di andare via.
A gruff man commanded us to leave.

extract = estrarre

In quella zona stanno estraendo petrolio.
They are extracting oil in that area.

resume = riprendere, ricominciare

Tutte le attività riprenderanno a settembre.
All activities will resume in September.

swing = oscillare

I prezzi stanno pericolosamente oscillando.
The prices are dangerously swinging.

confront = affrontare, confrontare

L'ho affrontato di persona e gli ho detto quello che pensavo.
I confronted him in person, and I told him what I thought.

squeeze = spremere

Il miglior modo per spremere un limone è usare lo spremiagrumi.
The best way to squeeze a lemon is to use a lemon squeezer.

taste = assaggiare, gustare

Vuoi assaggiare la torta?
Would you like to taste the cake?

harm = danneggiare

Quelle accuse potrebbero danneggiare la sua reputazione.
Those allegations could harm his reputation.

encounter = incontrare

Abbiamo incontrato molte difficoltà.
We encountered many difficulties.

request = richiedere

Ho richiesto il rimborso del biglietto.
I requested a refund of the ticket.

struggle = lottare, faticare

Ho sempre faticato a perdere peso.
I've always struggled to lose weight.

hire = assumere

Sono stato assunto a tempo indeterminato.
I was hired indefinitely.

wander = vagare

In vacanza di solito mi piace vagare senza una meta.
On vacation, I usually like to wander aimlessly.

regulate = regolare

Buone abitudini possono regolare i nostri livelli di stress.
Good habits can regulate our stress levels.

rescue = salvare

I vigili del fuoco ci hanno salvato dall'incendio.
The firefighters rescued us from the fire.

entertain = intrattenere

Il mago ha intrattenuto il pubblico per tutta la serata.
The magician entertained the public all evening.

export = esportare

È illegale esportare animali esotici da un Paese all'altro.
It's illegal to export exotic animals from one country to another.

exchange = scambiare

Ci siamo scambiati alcuni favori.
We exchanged some favours.

warm = riscaldare

Scalda le bevande, sono fredde.
Warm up the drinks, they're cold.

confess = confessare

Ha confessato i suoi segreti.
He confessed his secrets.

tolerate = tollerare

Non tollero più la maleducazione.
I no longer tolerate rudeness.

brush = spazzolare

Ogni tanto spazzolo il mio cane.
Now and then I brush my dog.

impress = stupire, fare colpo

Ho intenzione di fare colpo su di lei.
I'm going to impress her.

distribute = distribuire

Stanno distribuendo alcuni volantini.
They are distributing some flyers.

disturb = disturbare

Smettila di disturbare tua sorella!
Stop disturbing your sister!

bite = mordere

Il mio cane morde.
My dog bites.

progress = progredire

La società progredisce da molti punti di vista.
Society is progressing in many ways.

translate = tradurre

Puoi tradurre questa frase dall'italiano all'inglese?
Can you translate this sentence from Italian to English?

reassure = rassicurare

Il dottore mi ha rassicurato.
The doctor reassured me.

alert = allertare

Il Governo ha allertato le autorità di sicurezza.
The Government alerted the security authorities.

interact = interagire

Mio figlio ha difficoltà ad interagire con gli altri bambini.
My child has a hard time interacting with other children.

apologise = scusarsi, scusare

Non si è nemmeno scusata.
She didn't even apologise.

expose = esporre, smascherare

Credo che lui sia stato smascherato.
I think he's been exposed.

Questo lato della casa è il più esposto.
This side of the house is the most exposed.

hug = abbracciare

Ci siamo abbracciati a lungo.
We hugged for a long time.

comfort = confortare

I suoi amici la stanno confortando.
Her friends are comforting her.

melt = sciogliere, sciogliersi

Il ghiaccio si sta sciogliendo.
The ice is melting.

beware = diffidare, fare attenzione

Quando ero bambino mia mamma mi diceva di diffidare dagli estranei.
When I was a child, my mom used to tell me to beware of strangers.

surprise = sorprendere

Riesci sempre a sorprendermi.
You always manage to surprise me.

hesitate = esitare

Non devi esitare.
You don't have to hesitate.

resemble = assomigliare

Assomigli a tua madre.
You resemble your mother.

load = caricare

Questa sera tocca a me caricare la lavastoviglie.
Tonight, it's my turn to load the dishwasher.

swallow = inghiottire

Ho inghiottito il boccone troppo in fretta e ho rischiato di soffocare.
I swallowed the bite too quickly and almost choked.

initiate = avviare

Potete avviare la procedura.
You can initiate the procedure.

float = galleggiare

Nonostante il suo peso, la barca galleggia sempre sull'acqua.
Despite its weight, the boat always floats on the water.

manipulate = manipolare

I narcisisti sanno come manipolare le persone.
Narcissists know how to manipulate people.

associate = associare

Questi sintomi sono spesso associati alla mononucleosi.
These symptoms are often associated with mononucleosis.

murder = uccidere

Il criminale uccise la vittima sperando di farla franca.
The criminal murdered the victim hoping to get away with it.

greet = salutare

I padroni di casa salutarono i loro ospiti.
The hosts greeted their guests.

coach = allenare

D'ora in poi allenerò io questa squadra.
From now on, I will coach this team.

shop = fare acquisti

Andiamo a fare acquisti!
Let's go shopping!

cure = curare

I ricercatori si sforzano per curare il cancro.
Researchers strive to cure cancer.

swap = scambiare

Vorrei che potessimo scambiarci il lavoro!
I wish we could swap jobs!

chase = inseguire

I bambini inseguono le bolle di sapone.
Children are chasing soap bubbles.

consume = consumare

La gente consuma molto cibo spazzatura.
People consume a lot of junk food.

insert = inserire

Prego, inserisca la sua carta.
Please insert your card.

surrender = arrendersi

L'esercito si arrese al nemico.
The army surrendered to the enemy.

advertise = pubblicizzare

L'azienda sta pubblicizzando il nuovo prodotto.
The company is advertising the new product.

bake = cuocere al forno, infornare

Sto cuocendo una torta.
I'm baking a cake.

fold = piegare

Gli origami si fanno piegando la carta.
Origami is made by folding paper.

confuse = confondere

Mi raccomando, non confondere le chiavi.
Please don't confuse the keys.

chew = masticare

Lucia sta masticando una gomma.
Lucia is chewing gum.

sweep = spazzare

Potresti spazzare il pavimento, per favore?
Could you sweep the floor, please?

base = basare, fondare

Devi basare la tua teoria su fatti concreti, non supposizioni.
You have to base your theory on hard facts, not guesses.

decrease = diminuire

La temperatura diminuirà nelle prossime settimane.
The temperature will decrease over the next few weeks.

reserve = riservare, prenotare

Puoi riservarci un posto in prima fila?
Can you reserve a front-row seat for us?

evolve = evolvere

La nostra azienda continua ad evolversi.
Our company continues to evolve.

discourage = scoraggiare

Bisogna scoraggiare l'allevamento intensivo.
Intensive farming should be discouraged.

fade = svanire, sbiadire

Le orme sulla spiaggia svaniscono velocemente.
Footprints on the beach quickly fade.

Il dipinto si sta sbiadendo.
The painting is fading.

book = prenotare

Quest'anno prenoteremo le vacanze in anticipo.
This year we will book our holidays in advance.

tip = dare la mancia

Ho dato la mancia al cameriere.
I tipped the waiter.

punish = punire

I colpevoli verranno sicuramente puniti.
The guilty will certainly be punished.

prevail = prevalere

La nostra strategia sta prevalendo sulle altre.
Our strategy is prevailing over the others.

compromise = compromettere, transigere

In amore bisogna fare dei compromessi.
In love, we must compromise.

I cavi sono stati compromessi.
The cables have been compromised.

collapse = collassare

La struttura era fragile ed è collassata.
The structure was fragile and collapsed.

scream = urlare

Il bambino sta urlando e piangendo.
The baby is screaming and crying.

date = uscire con qualcuno

Sto uscendo con un ragazzo. Mi piace parecchio.
I'm dating a guy. I like him a lot.

delete = cancellare

Ho cancellato tutti i miei account dei social media.
I deleted all my social media accounts.

dislike = non piacere, odiare

Non mi piace fare il bucato.
I dislike doing laundry.

shine = brillare

Questa notte le stelle brillano molto.
Tonight, the stars are shining bright.

unite = unire

Quella esperienza ci ha unito parecchio.
That experience united us a lot.

import = importare

I prodotti sono stati importati dalla Cina.
The products were imported from China.

flourish = fiorire, prosperare

Gli alberi cominciano a fiorire.
Trees begin flourishing.

Spero che la tua azienda possa crescere e prosperare.
I hope your business can grow and flourish.

criticise = criticare

Non lasciare che ti critichino per come sei.
Don't let them criticise you for who you are.

boil = bollire

L'acqua sta bollendo.
The water is boiling.

discriminate = discriminare

Un datore di lavoro non dovrebbe discriminare i suoi dipendenti.
An employer should not discriminate against its employees.

track = tracciare

È possibile tracciare il proprio pacco online.
You can track your parcel online.

interview = intervistare, sottoporre a colloquio

La giornalista è riuscita a intervistare la famosa pop star.
The journalist managed to interview the famous pop star.

La responsabile di Risorse Umane mi ha sottoposta ad un colloquio per il nuovo lavoro.
The Human Resources manager interviewed me for a new job.

colour = colorare

Bambini, colorate dentro i bordi.
Children, colour within the lines.

interrupt = interrompere

Non volevo interromperti.
I didn't mean to interrupt.

elect = eleggere

Tra due mesi eleggeremo il nuovo Presidente.
In two months, we will elect the new President.

fry = friggere

Le patatine sono state fritte.
The fries have been fried.

edit = modificare

Hai modificato il file?
Did you edit the file?

ruin = rovinare

Il tempio è stato rovinato dai bombardamenti.
The temple was ruined by bombings.

accelerate = accelerare

Se non vuoi fare tardi all'appuntamento, devi accelerare.
If you don't want to be late for your appointment, you must accelerate.

congratulate = congratularsi

I professori si congratularono con la studentessa.
The professors congratulated the student.

suspend = sospendere

Le lezioni sono state sospese.
Lessons have been suspended.

experiment = sperimentare

Ho voglia di sperimentare diverse cucine.
I want to experiment with different cuisines.

ship = spedire

Il tuo pacco è stato spedito?
Has your package been shipped?

fool = ingannare

Non mi farò ingannare questa volta.
I will not be fooled this time.

inspire = ispirare

Chi sono i personaggi che ti hanno ispirato di più?
Who are the characters that inspired you the most?

heal = guarire, curare

Ci vuole tempo per far guarire questa ferita.
It takes time to heal this wound.

terminate = terminare

Ho voluto terminare la nostra amicizia.
I wanted to terminate our friendship.

scratch = grattare, graffiare

Gratta il biglietto per sapere se abbiamo vinto.
Scratch the ticket to know if we won.

Il tuo gatto mi ha graffiato.
Your cat scratched me.

execute = eseguire

Lei ha eseguito perfettamente il suo compito.
She executed her task perfectly.

isolate = isolare

Mio figlio si isola spesso in camera sua quando è triste.
My Son often isolates himself in his bedroom when he's sad.

march = marciare

I soldati marciarono in piazza.
The soldiers marched on the square.

desire = desiderare

Desidero essere ricca.
I desire to be rich.

chat = chiacchierare

Le due signore chiacchieravano sul balcone.
The two ladies were chatting on the balcony.

board = imbarcarsi

Dobbiamo imbarcarci entro le 16.
We have to board by 4 pm.

invent = inventare

Antonio Meucci inventò il telefono nel 1871.
Antonio Meucci invented the telephone in 1871.

manufacture = produrre, fabbricare

I campioni sono già stati fabbricati.
The samples have already been manufactured.

suck = succhiare

Fai troppo rumore quando succhi dalla cannuccia.
You make too much noise when you suck from the straw.

transport = trasportare

Quei camion trasportano mobili per il negozio.
Those trucks are transporting furniture for the store.

assign = assegnare

La professoressa assegnò i compiti alla classe.
The teacher assigned homework to the class.

surround = circondare

Circondarsi di persone positive rende più felici.
Surrounding yourself with positive people makes you happier.

upgrade = aggiornare

Puoi aiutarmi ad aggiornare il software?
Can you help me update the software?

decorate = decorare

La torta è fatta, ora dobbiamo decorarla.
The cake is done, now we need to decorate it.

accumulate = accumulare

Mia zia adora accumulare oggetti vintage.
My aunt loves accumulating vintage objects.

profit = profittare, guadagnare

Quanto guadagnerai con quella attività?
How much will you profit from that business?

subscribe = iscriversi, sottoscrivere

Vuole iscriversi alla nostra newsletter?
Do you want to subscribe to our newsletter?

educate = educare

Non dirmi come devo educare i miei figli.
Don't tell me how to educate my children.

divorce = divorziare

Io e mia moglie divorziammo nel 2010.
My wife and I divorced in 2010.

interest = interessare

Questo corso potrebbe interessarti.
This class might interest you.

twist = girare, attorcigliare, storcere

Mi sono storta il polso.
I twisted my wrist.

attribute = attribuire

Lei attribuisce il suo successo al duro lavoro.
She attributes her success to hard work.

explode = esplodere

La bomba è esplosa.
The bomb exploded.

value = valutare, apprezzare

Apprezzo la tua opinione.
I value your opinion.

award = premiare

La giuria premia il miglior concorrente.
The jury awards the best contestant.

accuse = accusare

Di cosa mi state accusando?
What are you accusing me of?

comprehend = comprendere

Quando ero all'estero non riuscivo a comprendere le persone.
When I was abroad, I couldn't comprehend people.

postpone = posticipare

L'evento è stato posticipato di nuovo.
The event was postponed again.

insure = assicurare

Dovrei assicurare la mia casa.
I should insure my home.

pause = fermare, mettere in pausa

Per favore, metti in pausa il video.
Please, pause the video.

Phrasal verbs

I phrasal verbs sono dei verbi accompagnati da un avverbio o preposizione che assumono un significato diverso dal verbo originale.

Ecco alcuni verbi frasali usati di frequente:

Blow up = esplodere

Check out = controllare, guardare

Clean up = ripulire

Carry on = proseguire

Come across = imbattersi

Come up with = trovare una soluzione

Come back = tornare

Dive into = immergersi, anche in senso figurato

End up = finire, ritrovarsi

Find out = scoprire

Fill up = riempire

Fall apart = cadere a pezzi, rompersi

Get back = riprendere, tornare

Get away with = cavarsela, farla franca

Get along = andare d'accordo

Give away = regalare, dare via

Give up = arrendersi, mollare

Give back = restituire

Get over = superare, andare avanti

Go on = continuare

Go through = passare attraverso (anche in senso figurato)

Hold on = attendere un attimo, tenere duro

Leave out = tralasciare

Let down = deludere

Look after = prendersi cura

Look forward to = non vedere l'ora di

Pass out = svenire

Pull up = tirare su

Put on = indossare

Put off = annullare, rimandare

Put down = mettere giù

Run out of = esaurire

Take off = partire, decollare, andarsene

Throw away = buttare via

Turn up = alzare (il volume)

Turn off = spegnere

NUMERI, ETÀ, MISURE

numero = number
uno = one
due = two
tre = three
quattro = four
cinque = five
sei = six
sette = seven
otto = eight
nove = nine
dieci = ten
undici = eleven
dodici = twelve
tredici = thirteen
quattordici = fourteen
quindici = fifteen
sedici = sixteen
diciassette = seventeen
diciotto = eighteen
diciannove = nineteen
venti = twenty
ventuno = twenty-one
trenta = thirty
trentadue = thirty-two
quaranta = forty
quarantatre = forty-three
cinquanta = fifty
cinquantaquattro = fifty-four

sessanta = sixty
sessantacinque = sixty-five
settanta = seventy
settantasei = seventy-six
ottanta = eighty
ottantasette = eighty-seven
novanta = ninety
novantotto = ninety-eight
cento = one hundred
centocinquanta = one hundred and fifty
cinquecento = five hundred
mille = one thousand
diecimila = ten thousand
centomila = one hundred thousand
un milione = a million
un miliardo = a billion
primo = first
secondo = second
terzo = third
quarto = fourth
quinto = fifth
sesto = sixth
settimo = seventh
ottavo = eighth
nono = ninth
decimo = tenth
undicesimo = eleventh
dodicesimo = twelfth
tredicesimo = thirteenth
quattordicesimo = fourteenth
quindicesimo = fifteenth
sedicesimo = sixteenth
diciassettesimo = seventeenth

diciottesimo = eighteenth
diciannovesimo = nineteenth
ventesimo = twentieth
ventunesimo = twenty-first
trentesimo = thirtieth
trentaduesimo = thirty-second
quarantesimo = fortieth
quarantatreesimo = forty-third
cinquantesimo = fiftieth
cinquantaquattresimo = fifty-fourth
sessantesimo = sixtieth
sessantacinquesimo = sixty-fifth
settantesimo = seventieth
settantaseiesimo = seventy-sixth
ottantesimo = eightieth
ottantasettesimo = eighty-seventh
novantesimo = ninetieth
novantanovesimo = ninety-ninth
centesimo = hundredth
millesimo = thousandth
paio = pair
dozzina = dozen
metà = middle, half
intero = whole
media = average
totale = total
età = age
un anno = one year
diciotto anni = eighteen years
cinquant'anni = fifty years
infanzia = childhood
giovinezza = youth
vecchiaia = old age

quantità = quantity
qualità = quality
altezza = height
larghezza = width
lunghezza = length
profondità = depth
linea = line
angolo = angle
diametro = diameter
cerchio = circle
quadrato = square
altitudine = altitude
longitudine = longitude
dimensione = dimension, size
rettangolo = rectangle
base = base
area = area
volume = volume
superficie = surface
velocità = speed
metro = meter
chilometro = kilometre
centimetro = centimetre
millimetro = millimetre
metro quadrato = square metre
metro cubo = cubic metre
miglia = miles
litro = liter
millilitro = millilitre
grammo = gram
etto = hundred grams
mezzo chilo = half a kilo
chilo = kilo

tonnellata = ton
libbra = pound
peso = weight
peso netto = net weight
peso lordo = gross weight
bilancia = scales, balance
scala = scale
addizione = addition
sottrazione = subtraction
moltiplicazione = multiplication
divisione = division
cifra = digit
percentuale = percentage
10% = ten percent
50% = fifty percent
100% = one hundred percent

Alcuni esempi

Questa lavatrice pesa cento chili.
This washing machine weighs one hundred kilos.

Mia sorella è arrivata seconda alla Maratona di New York.
My sister finished second in the New York Marathon.

Sto insegnando a fare le addizioni e le sottrazioni a mio nipote.
I'm teaching my grandson to add and subtract.

Come si calcola l'area del rettangolo?
How is the area of the rectangle calculated?

La prossima stazione di benzina è lontana sette miglia.
The next gas station is seven miles away.

In autostrada il limite di velocità è di centotrenta chilometri orari.
On the motorway, the speed limit is one hundred and thirty kilometres per hour.

Sono sicuro al cento per cento.
I am one hundred percent sure.

Ho bisogno di cinquecento grammi di farina per fare una torta.
I need five hundred grams of flour to make a cake.

Bisogna bere almeno due litri d'acqua al giorno.
You need to drink at least two litres of water a day.

Devo misurare le dimensioni di questa scrivania.
I need to measure the size of this desk.

Mi sono tuffato da circa venti metri d'altezza.
I dived from about twenty meters high.

Il mio appartamento è di circa ottanta metri quadrati.
My apartment is about eighty square meters.

Lei sta festeggiando il suo trentesimo compleanno.
She is celebrating her thirtieth birthday.

Ho mangiato solamente metà pizza.
I only ate half of the pizza.

Te lo ripeto per la millesima volta.
I repeat it to you for the thousandth time.

A pranzo mangio sempre centocinquanta grammi di pasta.
At lunch, I always eat one hundred and fifty grams of pasta.

Per calcolare il perimetro di un quadrato basta conoscere la misura di un lato.
To calculate the perimeter of a square, you just need to know the size of one side.

Questo è un triangolo equilatero.
This is an equilateral triangle.

Costa novantanove centesimi.
It costs ninety-nine cents.

La vettura pesa una tonnellata.
The car weighs a ton.

Sono vent'anni che lavoro in questa azienda.
I have been working in this company for twenty years.

Per tracciare una linea dritta è necessario usare un righello.
To draw a straight line, you need to use a ruler.

TEMPO CRONOLOGICO E ATMOSFERICO

tempo atmosferico = weather
previsioni meteo = weather forecast
temperatura = temperature
sole = sun
nuvola = cloud
nebbia = fog
pioggia = rain
precipitazioni = rainfall
diluvio = flood
temporale = thunderstorm
acquazzone = downpour
vento = wind
uragano = hurricane
tempesta = storm
monsone = monsoon
terremoto = earthquake
neve = snow
arcobaleno = rainbow
tempo cronologico = time
giorno = day
notte = night
oggi = today
ieri = yesterday
domani = tomorrow
presente = present
passato = past
futuro = future
periodo = period

mattina = morning
pomeriggio = afternoon
sera = evening
ora = hour
minuto = minute
secondo = second
mezzogiorno = midday
mezzanotte = midnight
otto e mezza = half past eight
fuso orario = time zone
settimana = week
lunedì = Monday
martedì = Tuesday
mercoledì = Wednesday
giovedì = Thursday
venerdì = Friday
sabato = Saturday
domenica = Sunday
mese = month
gennaio = January
febbraio = February
marzo = March
aprile = April
maggio = May
giugno = June
luglio = July
agosto = August
settembre = September
ottobre = October
novembre = November
dicembre = December
anno = year
decennio = decade

secolo = century
millennio = millennium
stagione = season
estate = summer
inverno = winter
primavera = spring
autunno = autumn
equinozio = equinox
solstizio = solstice

Alcuni esempi

Qual è la tua stagione preferita?
What is your favourite season?

Oggi è il primo giorno di primavera.
Today is the first day of spring.

In autunno ci sono molte precipitazioni.
In autumn there is a lot of rainfall.

Che fai sabato sera?
What are you doing Saturday night?

Non vedo l'ora che arrivi l'estate.
I can't wait for summer to come.

Di solito vado a dormire a mezzanotte.
I usually go to sleep at midnight.

Le previsioni del tempo dicono che domani la temperatura massima sarà di 30 gradi.
The weather forecast tells us that the maximum temperature will be 30 degrees tomorrow.

Finalmente è tornato il sole!
Finally, the sun is back!

Ha piovuto tutta la settimana.
It rained all week.

C'è stato un terremoto in Croazia.
There was an earthquake in Croatia.

Puoi aspettare cinque minuti?
Can you wait five minutes?

A che ora ci vediamo questo pomeriggio?
What time are we meeting this afternoon?

La nebbia non mi fa vedere nulla.
The fog won't let me see anything.

Dobbiamo rientrare subito a casa, sta arrivando un temporale.
We have to go home immediately, a storm is coming.

Quali programmi hai per il futuro?
What are your plans for the future?

L'ultima volta che l'ho vista è stato due anni fa.
The last time I saw her was two years ago.

Non puoi continuare a vivere nel passato.
You can't keep living in the past.

Oggi il vento soffia forte.
Today the wind is blowing hard.

Sono nata il 15 settembre.
I was born on September 15th.

In inverno fa buio troppo presto.
In winter it gets dark too early.

COLORI

colore = colour
bianco = white
nero = black
rosso = red
arancione = orange
rosa = pink
fucsia = fuchsia
lilla = lilac
viola = purple
bordò = bordeaux
giallo = yellow
giallo ocra = yellow ochre
oro = gold
blu = blue
azzurro = light blue
turchese = turquoise
verde = green
verde chiaro = light green
verde scuro = dark green
verde smeraldo = emerald green
marrone = brown
mogano = mahogany
grigio = grey
grigio metallizzato = metallic grey
sfumatura = shade
gradazione = gradation

Alcuni esempi

Qual è il tuo colore preferito?
What's your favourite colour?

L'azzurro chiaro è il mio colore preferito.
Light blue is my favourite colour.

Mia moglie ha dei bellissimi occhi marroni
My wife has beautiful brown eyes.

Mi piace questa sfumatura di arancione.
I like this shade of orange.

PERSONE, EMOZIONI, RELAZIONI

persona = person
femmina = female
maschio = male
genere (sesso) = gender
emozione = emotion
sentimento = feeling
umore = mood
felicità = happiness
gioia = joy
soddisfazione = satisfaction
euforia = euphoria
tristezza = sadness
rabbia = anger
paura = fear
preoccupazione = concern
stupore = astonishment
sorpresa = surprise
invidia = envy
gelosia = jealousy
malinconia = melancholy
vergogna = shame
imbarazzo = embarrassment
rimorso = remorse
rimpianto = regret
noia = boredom
depressione = depression
ansia = anxiety
timidezza = shyness
sorriso = smile

risata = laugh
pianto = cry
urlo = scream
conversazione = conversation
comunicazione = communication
interazione = interaction
discussione = discussion, argument
personalità = personality
carattere = character, temper
comportamento = behaviour
atteggiamento = attitude
relazione = relationship
gruppo = group
signore = sir, lord
signora = lady
signorina = miss
gentiluomo = gentleman
famiglia = family
uomo = man
donna = woman
adulto = adult
bambino = child
bambino piccolo = baby
ragazzo = boy
ragazza = girl
mamma = mum
madre = mother
papà = dad
padre = father
genitori = parents
matrigna = stepmother
patrigno = stepfather
figlio = son

figlia = daughter
figli = children
figlio unico = only child
figliastro = stepbrother
figliastra = stepdaughter
figliastri = stepchildren
fratello = brother
fratello maggiore = elder brother
fratello minore = younger brother
fratello gemello = twin brother
sorella = sister
sorella maggiore = elder sister
sorella minore = younger sister
sorella gemella = twin sister
gemelli/e = twins
fratellastro = stepbrother
sorellastra = stepsister
nonno = grandfather
nonna = grandmother
nonni = grandparents
nipote maschio (di nonni) = grandson
nipote femmina (di nonni) = granddaughter
zio = uncle
zia = aunt
nipote maschio (di zii) = nephew
nipote femmina (di zii) = niece
cugino/a = cousin
cognato = brother-in-law
cognata = sister-in-law
genero = son-in-law
nuora = daughter-in-law
suocero = father-in-law
suocera = mother-in-law

parenti = relatives
padrino = godfather
madrina = godmother
marito = husband
moglie = wife
sposi = spouses
sposo = groom
sposa = bride
matrimonio = marriage
nozze = wedding
coppia = couple
divorzio = divorce
separazione = separation
vedova = widow
vedovo = widower
orfano = orphan
fidanzato = boyfriend
fidanzata = girlfriend
compagno = partner
appuntamento romantico = date
fidanzamento = engagement
amore = love
amanti = lovers
affetto = affection
bacio = kiss
abbraccio = hug
amico/a = friend
amicizia = friendship
nemico = enemy
rivale = rival
morte = death
lutto = mourning
perdita = loss

vita = life
nascita = birth
compleanno = birthday
festeggiamento = celebration
anniversario = anniversary

Alcuni esempi

I miei genitori festeggiano il loro ventesimo anniversario di matrimonio.
My parents are celebrating their twentieth wedding anniversary.

Non vado molto d'accordo con mio fratello.
I don't get along very well with my brother.

Mia nonna è rimasta vedova l'anno scorso.
My grandmother was widowed last year.

Mio marito vuole chiedere il divorzio.
My husband wants to file for a divorce.

Come stanno i tuoi nonni?
How are your grandparents?

Mia suocera ha un pessimo carattere.
My mother-in-law has a bad temper.

L'amore e l'amicizia sono più importanti del denaro.
Love and friendship are more important than money.

Leonardo è un vero gentiluomo.
Leonardo is a true gentleman.

Sono figlio unico.
I am an only child.

I miei figli sono la cosa più importante della mia vita.
My children are the most important thing in my life.

Abbiamo avuto una piacevole conversazione.
We had a pleasant conversation.

Il suo bacio è stato meraviglioso.
His kiss was wonderful.

Mia mamma ha sofferto di depressione per molto tempo.
My mom suffered from depression for a long time.

Mia zia è molto generosa.
My aunt is very generous.

Mio genero è come un figlio per me.
My son-in-law is like a son to me.

Oggi sono di cattivo umore.
I'm in a bad mood today.

Ho bisogno di un abbraccio.
I need a hug.

La sposa sta arrivando.
The bride is coming.

Sei invitato alle nostre nozze.
You are invited to our wedding.

Lo sposo sembra piuttosto nervoso.
The groom looks quite nervous.

Mia cugina partirà domani per l'Australia.
My cousin is leaving tomorrow for Australia.

Domani sarà il compleanno di mio nipote.
Tomorrow will be my nephew's birthday.

Donne e uomini devono avere pari diritti.
Women and men must have equal rights.

Il loro sogno più grande è avere un bambino.
Their biggest dream is to have a baby.

Hai mai pianto di felicità?
Have you ever cried with happiness?

È rimasto orfano a tredici anni.
He was orphaned at thirteen.

Thomas e Kate hanno annunciato il loro fidanzamento.
Thomas and Kate have announced their engagement.

Vorrei tanto avere un fratello minore.
I wish I had a younger brother.

Ho un fratello maggiore di quindici anni e una sorella minore di sette anni.
I have an older brother of fifteen and a younger sister of seven.

Sono figlia unica.
I'm an only child.

Ho assistito alla nascita di mia figlia.
I witnessed the birth of my daughter.

Queste sono lacrime di gioia.
These are tears of joy.

Domani andrò al mare con i miei amici.
Tomorrow I will go to the beach with my friends.

Non voglio avere rimpianti quando sarò anziano.
I don't want to have any regrets when I am old.

Mi ha fatto una bellissima sorpresa.
He gave me a wonderful surprise.

Siamo un gruppo molto unito.
We are a very united group.

Nessuno mi rende felice quanto la mia fidanzata.
Nobody makes me as happy as my fiancée.

Abbiamo avuto un'accesa discussione.
We had a heated discussion.

Provo molto affetto per lui, ma non lo amo.
I feel a lot of affection for him, but I don't love him.

L'ansia può seriamente compromettere la qualità della vita.
Anxiety can seriously compromise the quality of life.

Non sopporto più la tua gelosia!
I can't stand your jealousy anymore!

Ha partorito due gemelli.
She gave birth to twins.

La sua risata mette tutti di buon umore.
His laugh puts everyone in a good mood.

Domani andrò a vedere la partita di calcio di mio nipote.
Tomorrow I'm going to see my nephew's soccer game.

Mia sorella va a correre ogni giorno.
My sister goes for a run every day.

Emily e Jack sono una bella coppia.
Emily and Jack are a beautiful couple.

Ha scoperto che sua moglie ha un amante.
He found out that his wife has a lover.

Alessandro ha una cotta per quella ragazza.
Alessandro has a crush on that girl.

ANIMALI

animale = animal
animale domestico = pet
creatura = creature
specie = species
razza = breed
agnello = lamb
anatra = duck
ape = bee
aquila = eagle
asino = donkey
avvoltoio = vulture
balena = whale
bufalo = buffalo
cammello = camel
canarino = canary
cane = dog
canguro = kangaroo
capra = goat
castoro = beaver
cavallo = horse
cavia = guinea pig
cervo = deer
cicogna = stork
cigno = swan
coccinella = ladybird
coccodrillo = crocodile
colomba = dove
coniglio = rabbit
corallo = coral

criceto = hamster
delfino = dolphin
elefante = elephant
ermellino = ermine
farfalla = butterfly
fenicottero = flamingo
foca = seal
formica = ant
furetto = ferret
gabbiano = seagull
gallina = hen
gatto = cat
ghepardo = cheetah
giaguaro = jaguar
giraffa = giraffe
granchio = crab
grillo = cricket
gufo = owl
insetto = insect
ippopotamo = hippopotamus
leone = lion
leopardo = leopard
lucertola = lizard
lumaca = snail
lupo = wolf
maiale = pig
mammifero = mammal
marmotta = marmot
merlo = blackbird
mucca = cow
oca = goose
orso = bear
panda = panda

pangolino = pangolin
pantera = panther
pappagallo = parrot
pavone = peacock
pecora = sheep
pellicano = pelican
pesce = fish
pipistrello = bat
pollo = chicken
polpo = octopus
procione = raccoon
pulce = flea
pulcino = chick
puzzola = skunk, polecat
ragno = spider
rana = frog
renna = reindeer
rettile = reptile
riccio = hedgehog
rinoceronte = rhino
salmone = salmon
scimmia = monkey
scimpanzé = chimpanzee
scoiattolo = squirrel
scorpione = scorpio
serpente = snake
squalo = shark
struzzo = ostrich
tacchino = turkey
talpa = mole
tartaruga = turtle
tigre = tiger
tonno = tuna

topo = mouse
toro = bull
tricheco = walrus
uccello = bird
verme = worm
vipera = viper
visone = mink
vitello = calf
volpe = fox
vongola = clam
zanzara = mosquito
zebra = zebra
zecca = tick
zampa = paw
coda = tail
piuma = feather
ala = wing
becco = beak

Alcuni esempi

Le scimmie sono animali intelligenti.
Monkeys are intelligent animals.

Di che razza è il tuo cane?
What breed is your dog?

Sei furbo come una volpe.
You're as smart as a fox.

Stai molto attento alle zecche quando cammini nell'erba alta.
Be very careful of ticks when walking in tall grass.

Questa estate ci sono più zanzare del solito.
This summer there are more mosquitoes than usual.

Il mio gatto ha paura dei topi.
My cat is afraid of mice.

Mio fratello ha appena adottato un dolcissimo coniglietto.
My brother just adopted a very sweet bunny.

Il ghepardo è il mammifero più veloce del mondo.
The cheetah is the fastest mammal in the world.

Alcuni serpenti sono molto velenosi.
Some snakes are very poisonous.

Non mi piacciono gli insetti.
I don't like insects.

Purtroppo, i visoni vengono ancora uccisi per le pellicce.
Unfortunately, minks are still being killed for their fur.

Gli scoiattoli hanno code molto lunghe.
Squirrels have very long tails.

I pappagalli sono i miei uccelli preferiti.
Parrots are my favourite birds.

Il mio cane ha le pulci.
My dog has fleas.

Gli elefanti hanno un'ottima memoria.
Elephants have excellent memory.

I maiali sono molto intelligenti.
Pigs are very intelligent.

Ho sempre desiderato avere un animale domestico.
I have always wanted to have a pet.

Le tartarughe sono animali longevi.
Turtles are long-lived animals.

Le vipere sono serpenti velenosi.
Vipers are poisonous snakes.

I panda non rischiano più l'estinzione.
Pandas are no longer at risk of extinction.

L'uomo dovrebbe avere più rispetto per gli animali.
Men should have more respect for animals.

Gli squali possono essere molto pericolosi.
Sharks can be very dangerous.

Le talpe vivono sottoterra.
Moles live underground.

Le leonesse vanno a caccia.
Lionesses go hunting.

Le giraffe hanno il collo lungo.
Giraffes have long necks.

Ho insegnato al mio cane a darmi la zampa.
I taught my dog to give me a paw.

Mio fratello ha molta paura dei ragni.
My brother is very afraid of spiders.

I delfini non sono pesci, ma mammiferi.
Dolphins are not fish, they're mammals.

Mia mamma crede che le coccinelle portino fortuna.
My mom believes that ladybugs bring good luck.

Sei lento come una lumaca.
You are slow as a snail.

Io e la mia ragazza abbiamo salvato un agnello da un macello.
My girlfriend and I saved a lamb from a slaughterhouse.

L'orso è un animale solitario.
The bear is a solitary animal.

I lupi vivono in branco.
Wolves live in packs.

CASA

casa = home, house
condominio = condominium (UK), condo (US)
appartamento = apartment, flat
villetta a schiera = terraced house
palazzo = building
struttura = structure
residenza = residence
indirizzo = address
vicini di casa = neighbours
coinquilino = roommate
chiave = key
serratura = lock
cancello = gate
cassetta della posta = mailbox
lettera = letter
tetto = roof
piano = floor
piano terra = ground floor
primo piano = first floor
giardino = garden
tetto = roof
muro = wall
pavimento = floor
porta = door
finestra = window
davanzale = windowsill
terrazza = terrace
scale = stairs
ascensore = lift
soffitto = ceiling

cortile = courtyard, patio
stanza = room
soggiorno = living room
mobili = furniture
arredamento = furnishings, furniture
divano = sofa
poltrona = armchair
televisione = television
telecomando = remote control
tappeto = carpet
lampadario = chandelier
dining room = sala da pranzo
cucina = kitchen
tavolo = table
sedia = chair
forno = oven
fornelli = stove
forno a microonde = microwave oven
lavastoviglie = dishwasher
frigorifero = fridge
congelatore = freezer
stoviglie = dishes
piatto = dish
scodella = bowl
pentola = pot
padella = pan
forchetta = fork
coltello = knife
cucchiaio = spoon
mestolo = ladle
bicchiere = glass
brocca = pitcher
tazza = cup

bottiglia = bottle
frullatore = blender, mixer
presa elettrica = plug
lavello = sink
spugna = sponge
ferro da stiro = iron
asse da stiro = ironing board
bagno = bathroom
gabinetto = toilet
rubinetto = tap
doccia = shower
vasca da bagno = bathtub
specchio = mirror
scaldabagno = water heater
lavatrice = washing machine
asciugatrice = dryer
camera da letto = bedroom
letto = bed
letto matrimoniale = double bed
letto singolo = single bed
letto a castello = bunk bed
materasso = mattress
cuscino = pillow
lenzuola = bed sheets
coperta = blanket
copriletto = bedspread
federa = pillowcase
piumino = duvet
riposo = rest
sonno = sleep
comodino = bedside table
sveglia = alarm clock
armadio = wardrobe

sgabello = stool
lampada = lamp
luce = light
mensola = shelf
tenda = curtain
scrivania = desk
ripostiglio = closet
aspirapolvere = vacuum cleaner
scopa = broom
mocio = mop
interruttore = switch
lampadina = lightbulb
corrente elettrica = electricity
riscaldamento = heating
calorifero = radiator
calore = heat
stufa a legna = wood stove
aria condizionata = air conditioning
ventilatore = fan

Alcuni esempi

Maria abita in un piccolo appartamento in centro città.
Maria lives in a small flat in the city centre.

Vorrei avere una casa con il giardino.
I would like to have a house with a garden.

Dove hai messo il telecomando?
Where did you put the remote control?

Mi si è rotta la lavatrice.
My washing machine broke.

Metti in ordine camera tua.
Tidy up your room.

Puoi accendere la stufa? Ho molto freddo.
Can you turn on the wood stove? I am very cold.

Ricordati di spegnere la luce quando esci di casa.
Remember to turn off the light when you leave the house.

Non sarebbe ora di fare la spesa? Abbiamo il frigo vuoto.
Wouldn't it be time to buy groceries? Our fridge is empty.

Puoi andare in ripostiglio a prendere la scopa per favore?
Can you go to the utility room and get the broom, please?

Devo comprare un letto a castello nuovo per i miei figli.
I have to buy a new bunk bed for my children.

Per fortuna abbiamo l'aria condizionata.
Fortunately, we have air conditioning.

Dopo pranzo andrò a prendere il sole in terrazza.
After lunch, I will go sunbathe on the terrace.

Puoi mettere i piatti in lavastoviglie?
Can you put the dishes in the dishwasher?

Usa questa padella per cucinare.
Use this pan for cooking.

Metti i vestiti bagnati nell'asciugatrice.
Put the wet clothes in the dryer.

Dopo cena mi piace sedermi sul divano a guardare la televisione.
After dinner, I like to sit on the sofa and watch television.

Non trovo le chiavi di casa.
I can't find the house keys.

Puoi prendere un paio di lenzuola pulite dall'armadio?
Can you get a couple of clean sheets from the closet?

Questo materasso è troppo duro.
This mattress is too hard.

In questo condominio non c'è l'ascensore.
There is no elevator in this condominium.

Puoi spazzare il pavimento della cucina?
Can you sweep the kitchen floor?

Devo cambiare la serratura di questa porta.
I need to change the lock on this door.

Dobbiamo comprare dei mobili nuovi per la nostra camera da letto.
We need to buy new furniture for our bedroom.

Hai rotto tre specchi in poco più di un mese!
You broke three mirrors in just over a month!

Il mio coinquilino è molto disordinato.
My flatmate is very messy.

Puoi uscire dal bagno? Devo farmi la doccia.
Can you get out of the bathroom? I have to take a shower.

I nostri vicini di casa sono molto generosi.
Our neighbours are very generous.

Puoi chiudere la finestra?
Can you close the window?

Devo riordinare la mia scrivania.
I need to tidy up my desk.

Abita all'ultimo piano.
She lives on the top floor.

Mia nonna tiene tutte le sue piante sul davanzale di camera sua.
My grandmother keeps all her plants in her bedroom windowsill.

Hai un ottimo gusto per quanto riguarda l'arredamento.
You have excellent taste in furnishing.

Mio nonno passa tutte le domeniche seduto sulla poltrona a guardare la televisione.
My grandfather spends every Sunday sitting in his armchair watching television.

SPORT E TEMPO LIBERO

attività fisica = exercise
ginnastica = gym
sport = sport
all'aperto = outdoors
al chiuso = indoors
esercizio = exercise
forza = strength
resistenza = endurance, stamina
corsa = running
camminata = walk
passo = step
addominali = abdominals, abs
piegamenti = push-ups
trazioni = pull-ups
salto = jump
palestra = gym
abbonamento = membership
piscina = swimming pool
pista di atletica = athletics track
campo sportivo = sports field
atletica = athletics
maratona = marathon
traguardo = finish line
calcio = football
stadio = stadium
pallacanestro = basketball
pallavolo = volleyball
pallanuoto = water polo
nuoto = swimming

tennis = tennis
ping pong = table tennis
rugby = rugby
baseball = baseball
sollevamento pesi = weightlifting
culturismo = bodybuilding
scherma = fencing
danza classica = classic dance
danza moderna = modern dance
yoga = yoga
pattinaggio = skating
arrampicata = climbing
sci = ski
snowboard = snowboard
guanti da sci = ski gloves
racchette = poles
pista da sci = ski run
arti marziali = martial arts
lotta = fight
pugilato = boxing
ciclismo = cycling
canottaggio = boating, rowing
paracadutismo = skydiving
motociclismo = motorcycling
automobilismo = motoring
palla = ball
racchetta = racket
mazza da baseball = baseball bat
bilanciere = barbell
manubrio = dumbbell
sacco da pugilato = boxing bag
canottaggio = rowing
canoa = canoeing

kayak = kayaking
vela = sailing
remo = oar
pattini = skates
pattinaggio = skating
pista di pattinaggio = skating rink
sci = ski
pista da sci = ski run
paracadute = parachuting
coppa del mondo = world cup
olimpiadi = olympic games
classifica = ranking
medaglia = medal
premio = award
campione = champion
gara = race, competition
competizione = competition
campionato = championship
partita = game, match
turno = turn
durata = duration
squadra = team
punteggio = score
vittoria = victory, win
sconfitta = defeat
pareggio = draw
rigore = penalty
fallo = foul
dilettante = amateur
principiante = beginner
intermedio = intermediate
avanzato = advanced
esperto = expert

pittura = painting
disegno = drawing
artigianato = craftsmanship
scultura = sculpture
lettura = reading
fumetti = comics
scrittura = writing
musica = music
disco = record
meditazione = meditation
strumento musicale = musical instrument
canzone = song
canto = singing
concerto = concert
esibizione = performance
fotografia = photography
foto = picture, photo
realizzazione di video = video making
collezionismo = collecting
giardinaggio = gardening
fai da te = do-it-yourself
escursionismo = hiking
film = film, movie
serie tv = tv series
cartoni animati = cartoons
documentario = documentary
videogioco = video game
gioco = game
gioco di società = board game
carte = card
palla = ball
macchina fotografica = camera
strumento musicale = musical instrument

pianoforte = piano
chitarra = guitar
violino = violin
microfono = microphone
tamburo, batteria = drum
pennello = paintbrush
teatro = theatre
palcoscenico = stage
spettacolo = show
pubblico = public
circo = circus
cinema = cinema
discoteca = disco, nightclub
acquario = aquarium
museo = museum
quadro = painting
parco divertimenti = amusement park
festa = party

Alcuni esempi

Questo pomeriggio vado a giocare a tennis con Sarah.
This afternoon I'm going to play tennis with Sarah.

Faccio nuoto da quando avevo sei anni.
I've been swimming since I was six.

Questa estate ci saranno i mondiali di calcio.
This summer there will be the soccer World Cup.

Quando ero bambina sognavo di partecipare alle Olimpiadi.
When I was a child, I dreamed of participating in the Olympic Games.

Prima o poi vorrei fare paracadutismo.
Sooner or later, I would like to skydive.

Ieri ho corso per due ore.
I ran for two hours yesterday.

Hai degli addominali scolpiti.
You have sculpted abs.

Sai giocare a Ping Pong?
Can you play Ping Pong?

Sono arrivato secondo ai campionati nazionali di Scherma.
I finished second in the National Fencing Championships.

Ha vinto la medaglia d'oro alle Olimpiadi.
She won the gold medal at the Olympics.

La Juventus è prima in classifica.
Juventus is first in the standings.

È stata una partita emozionante.
It was an exciting match.

Il portiere ha parato il calcio di rigore decisivo.
The goalkeeper saved the decisive penalty.

Devo comprare una racchetta nuova.
I have to buy a new racket.

Vado in palestra tre volte alla settimana.
I go to the gym three times a week.

Sai suonare il pianoforte?
Can you play the piano?

Faccio meditazione ogni mattina prima di fare colazione.
I do meditation every morning before breakfast.

Vorresti venire al cinema con me domani pomeriggio?
Would you like to come with me to the cinema tomorrow afternoon?

Mio papà è un istruttore di arti marziali.
My dad is a martial arts instructor.

Vorrebbe imparare a suonare la chitarra.
He would like to learn to play the guitar.

Suona la batteria da un paio d'anni.
He has been playing the drums for a couple of years.

Sabato sera sono andato in discoteca con i miei amici.
Saturday night I went to the disco with my friends.

Mi piace la fotografia naturalistica.
I like nature photography.

Voglio prendere lezioni di canto.
I want to take singing lessons.

Non mi è mai piaciuto giocare a calcio.
I've never liked playing football.

Mio fratello pensa soltanto a giocare ai videogiochi.
My brother only thinks about playing video games.

Questa domenica tutti i musei saranno gratuiti.
This Sunday all museums will be free.

Ti sei divertito alla festa?
Did you have fun at the party?

Il concerto è stato deludente.
The concert was disappointing.

Vediamo chi fa più trazioni alla sbarra.
Let's see who does the most pull-ups.

Qual è la tua canzone preferita?
What's your favourite song?

Questo quadro è un capolavoro.
This painting is a masterpiece.

Sto guardando un documentario molto interessante.
I am watching a very interesting documentary.

Durante l'inverno vado in piscina ogni sabato pomeriggio.
During the winter I go to the swimming pool every Saturday afternoon.

Gioco a Rugby da quando avevo 8 anni.
I have been playing Rugby since I was 8.

Facciamo una foto insieme?
Shall we take a picture together?

Vado a teatro una volta al mese.
I go to the theatre once a month.

Mio cugino suona il violino.
My cousin plays the violin.

Quando ero piccola facevo pattinaggio su ghiaccio.
When I was a child, I used to ice skate.

Voglio comprare un sacco da pugilato.
I want to buy a punching bag.

Le piace molto ascoltare musica mentre corre
She loves listening to music while she runs.

Mio nonno gioca spesso a carte con i suoi amici.
My grandfather often plays cards with his friends.

Mio nipote mi ha regalato un bellissimo disegno.
My grandson gave me a beautiful drawing.

Quando ero ragazzo leggevo un sacco di fumetti.
When I was a kid, I read a lot of comics.

Non ho mai imparato a giocare bene a pallavolo.
I never learned how to play volleyball well.

È ingiusto che gli animali siano sfruttati nel circo.
It is unfair that animals are exploited in the circus.

Sto mettendo i soldi da parte per comprarmi una macchina fotografica professionale.
I'm saving money to buy a professional camera.

Vorrei incrementare la mia forza muscolare.
I would like to increase my muscle strength.

Il pubblico era entusiasta.
The audience was enthusiastic.

LAVORO E ISTRUZIONE

lavoro = work, job
carriera = career
affari = business, affairs
volontariato = volunteering
abilità = skill
tecnica = technique
esperienza = experience
curriculum = resume, curriculum
annuncio di lavoro = job advertisement
domanda di lavoro = job application
colloquio di lavoro = job interview
appuntamento = appointment
assunzione = hiring
licenziamento = dismissal, firing
progetto = project
compito = task
lista = list
procedura = procedure
produzione = production
obiettivo = goal
risultato = result, outcome
lavoro part time = part time job
lavoro a tempo pieno = full time job
stipendio = salary
aumento = increase, rise, raise
riduzione = reduction
reddito = income
guadagno = gain
profitto = profit

pensione = pension
pausa = break, pause
debito = debt
disoccupazione = unemployment
occupazione = employment, occupation
pensione = retirement
professione = profession
imprenditore = entrepreneur
lavoratore = worker
specialista = specialist
libero professionista = freelancer
capo = boss
amministratore delegato = CEO
direttore = manager, director
impiegato = employee
apprendista = apprentice
segretario = secretary
assistente = assistant
personale = staff
avvocato = lawyer
giudice = judge
agente = agent
processo = trial, process
ingegnere = engineer
architetto = architect
agente immobiliare = real estate agent
guida turistica = tourist guide
insegnante = teacher
archeologo = archaeologist
storico = historian
geologo = geologist
meteorologo = meteorologist
astronauta = astronaut

ricercatore = researcher
ricerca = research
scienziato = scientist
giornalista = journalist
commentatore = commentator
attore, attrice = actor, actress
regista = director
doppiatore = voice actor
cantante = singer
canto = singing
voce = voice
musicista = musician
scrittore = writer
traduttore = translator
lettore = reader
artista = artist
stilista = fashion designer
modello = model
fotografo = photographer
grafico = graphic designer
atleta = athlete
allenatore = coach, trainer
pilota = pilot
assistente di volo = flight attendant
cameriere, cameriera = waiter, waitress
barista = bartender
cuoco = chef
cassiere = cashier
commesso di negozio = shop assistant
parrucchiere = hairdresser
panettiere = baker
pasticcere = pastry chef
calzolaio = shoemaker

operaio = worker
fioraio = florist
idraulico = plumber
elettricista = electrician
falegname = carpenter
fabbro = locksmith
meccanico = mechanic
agricoltore = farmer
medico = doctor
chirurgo = surgeon
psicologo = psychologist
psichiatra = psychiatrist
veterinario = vet
infermiere = nurse
farmacista = pharmacist
comandante = captain
vigile del fuoco = fireman
guardia forestale = forest ranger
poliziotto = policeman, police officer
polizia = police
investigatore = detective
prova = evidence
controllore = ticket inspector
controllo = control, check
politico = politician
analista = analyst
settore = sector
dipartimento = department
ufficio = office
agenzia = agency
azienda = business, company, corporation
commercio = trade
istruzione = education

scuola = school
scuola materna = nursery school
sistema = system
classe = class
livello = level
categoria = category
sezione = section
banco = desk
lavagna = blackboard
università = university, college
istituto = institute
diploma = diploma
laurea = graduation, degree
specializzazione = specialization
laureato = graduate
studente = student
studio = study
materia = subject
facoltà = faculty
esame = exam
prova = test
sondaggio = survey
presentazione = presentation
conferenza = conference
apprendimento = learning
lezione = lesson
corso = course
analisi = analysis
storia = history
geografia = geography
matematica = maths
scienze = science
chimica = chemistry

biologia = biology
filosofia = philosophy
psicologia = psychology
economia = economy
finanza = finance
letteratura = literature
poesia = poetry
arte = art
biblioteca = library
libro = book
libro di testo = text book
autore = author
capitolo = chapter
titolo = title
termine = term
parola = word
frase = sentence, phrase
agenda = agenda
programma = program, schedule
schema = scheme
riassunto = summary
quaderno = notebook
taccuino = notebook
nota = note
foglio = sheet
pagina = page
calendario = calendar
penna = pen
matita = pencil
gomma = rubber
forbici = scissors
evidenziatore = highlighter
righello = ruler

astuccio = pencil case
spillatrice = stapler
stampante = printer
dizionario = dictionary
enciclopedia = encyclopedia
vocabolario = vocabulary
attrezzatura = equipment

Alcuni esempi

Qual è il lavoro dei tuoi sogni?
What is your dream job?

Tra due anni andrò finalmente in pensione.
In two years, I will finally retire.

Sto cercando un lavoro part time.
I am looking for a part-time job.

Ogni giorno ci sono nuovi annunci di lavoro.
There are new job advertisements every day.

Il lavoro è stressante.
Work is stressful.

Mia mamma è un'infermiera e mio papà è un poliziotto.
My mom is a nurse, and my dad is a policeman.

Dobbiamo portare il nostro criceto dal veterinario.
We need to take our hamster to the vet.

Quando ero bambina sognavo di diventare un'astronauta.
When I was a child, I dreamed of becoming an astronaut.

Mio nonno ha lavorato quasi quarant'anni come farmacista.
My grandfather worked for almost forty years as a pharmacist.

Il mio capo mi ha assegnato un compito molto importante.
My boss has given me a very important task.

Lei è la mia attrice preferita.
She is my favourite actress.

Sto aggiornando il mio curriculum.
I'm updating my resume.

Domani mi arriverà lo stipendio.
My salary will arrive tomorrow.

Il candidato ideale deve aver maturato almeno due anni di esperienza come cameriere.
The ideal candidate must have at least two years of experience as a waiter.

Devo portare l'auto dal meccanico.
I have to take the car to the mechanic.

Dobbiamo chiamare l'elettricista.
We need to call the electrician.

Sono stato assunto come apprendista.
I was hired as an apprentice.

La polizia lo ha arrestato.
The police arrested him.

L'idraulico arriverà qui tra mezz'ora.
The plumber will be here in half an hour.

Ho una laurea in psicologia.
I have a degree in psychology.

Mia moglie è laureata in biologia.
My wife has a degree in biology.

Puoi portare queste scarpe dal calzolaio per favore?
Can you take these shoes to the cobbler, please?

Ieri ho studiato storia tutto il pomeriggio.
Yesterday I studied history all afternoon.

Puoi prestarmi una penna?
Can you lend me a pen?

Non trovo le forbici.
I can't find the scissors.

Sto studiando per diventare giornalista.
I'm studying to become a journalist.

Il mio parrucchiere è molto gentile e simpatico.
My hairdresser is very kind and nice.

Non sono bravo in matematica.
I'm not good at maths.

Ho deciso di iscrivermi all'Università.
I decided to go to University.

Il tasso di disoccupazione è aumentato molto negli ultimi anni.
The unemployment rate has risen a lot in recent years.

Domani mattina ho un colloquio di lavoro.
I have a job interview tomorrow morning.

Fino a che ora rimani in ufficio oggi?
Until what time are you staying in the office today?

Chi è l'autore di questo libro?
Who is the author of this book?

Mia figlia deve imparare a memoria questa poesia.
My daughter has to memorise this poem.

Scrivo tutti i miei impegni in questa agenda.
I write all my commitments in this diary.

Devo fare il riassunto di questo romanzo.
I have to summarise this novel.

Bisogna cambiare la cartuccia della stampante.
The printer cartridge needs to be changed.

A che pagina sei arrivato?
What page did you get to?

Scrivo sempre sul calendario tutti i miei impegni.
I always write all my commitments on the calendar.

Devo cercare sul dizionario il significato di questa parola.
I have to look up the meaning of this word in the dictionary.

La conferenza di oggi è stata più noiosa del solito.
Today's conference was more boring than usual.

Lei frequenta l'ultimo anno delle scuole superiori.
She is attending the last year of high school.

Nella mia classe ci sono otto maschi e dieci femmine.
There are eight boys and ten girls in my class.

Mia mamma dice che dovrei fare il modello.
My mom says I should be a model.

Mi piace la voce di questo attore.
I like this actor's voice.

Ci sono stati molti licenziamenti ultimamente.
There have been a lot of layoffs lately.

È uno dei migliori allenatori del mondo.
He is one of the best coaches in the world.

SALUTE, ASSISTENZA MEDICA E CORPO UMANO

Corpo umano

corpo = body
testa = head
faccia = face
cervello = brain
occhi = eyes
naso = nose
bocca = mouth
labbra = lips
lingua = tongue
denti = teeth
orecchie = ears
guance = cheeks
mascella = jaw
mento = chin
capelli = hair
ciglia = eyelashes
sopracciglia = eyebrows
barba = beard
collo = neck
gola = throat
spalle = shoulders
braccia = arms
gomito = elbow
polso = wrist
mani = hands
dita = fingers
thumb = pollice
unghie = nails

petto = chest
schiena = back
colonna vertebrale = spinal column, vertebral column
pancia = belly
ombelico = belly button
stomaco = stomach
rene = kidney
fegato = liver
bacino = hip bone
sedere = butt
genitali = genitals
gambe = legs
ginocchia = knees
cosce = thighs
polpacci = calves
caviglie = ankles
piedi = feet
dita dei piedi = toes
ossa = bones
costole = ribs
scapola = scapula, shoulder blade
femore = femur
articolazioni = joints
muscoli = muscles
pelle = skin
neo = mole
brufolo = pimple
organi = organs
cuore = heart
polmoni = lungs
intestino = intestine, bowel
vene = veins
arterie = arteries

sangue = blood
pressione = pressure
respiro = breath
vista = eyesight
udito = hearing
gusto = taste
olfatto = smell
tatto = touch

Salute e assistenza medica

salute = health
malattia = illness, disease
epidemia = epidemic
infortunio = injury
assistenza medica = medical assistance
assicurazione sanitaria = health insurance
cura = cure
medicinale = medicine, drug
antibiotico = antibiotic
infezione = infection
antidolorifico = painkiller
dolore = pain
antinfiammatorio = anti-inflammatory
termometro = thermometer
ospedale = hospital
visita medica = medical examination
ricovero in ospedale = hospitalisation
terapia intensiva = intensive care
aiuto = help
supporto = support
assistenza = assistance

parto = birth, delivery
aborto = abortion
ciclo mestruale = period
ambulanza = ambulance
vaccino = vaccine
chirurgia = surgery
intervento chirurgico = surgery
pronto soccorso = emergency room, first aid
barella = stretcher
benda = bandage
gesso = cast
stampella = crutch
mal di testa = headache
mal di pancia = stomachache
mal di gola = sore throat
mal di schiena = backache
crampi = cramps
raffreddore = cold
febbre = fever
influenza = flu
starnuto = sneeze
polmonite = pneumonia
infarto = heart attack
trombosi = thrombosis
svenimento = faint
frattura = fracture
distorsione = sprain
ferita = wound
livido = bruise
medicina = medicine
chirurgia = surgery
chirurgia estetica = cosmetic surgery
reparto = department

oculistica = ophthalmology
dermatologia = dermatology
alimentazione = nutrition
nutrizionista = nutritionist
dietologia = dietology
dieta = diet
ematologia = hematology
gastroenterologia = gastroenterology
fisiatria = physiatry
cardiologia = cardiology
geriatria = geriatrics
endocrinologia = endocrinology
ginecologia = gynaecology
andrologia = andrology
urologia = urology
neurologia = neurology
odontoiatria = dentistry
oncologia = oncology
ortopedia = orthopaedics
otorinolaringoiatria = otolaryngology
pneumologia = pneumology
pediatria = paediatrics
psichiatria = psychiatry
fisioterapia = physiotherapy
veterinaria = veterinary

Alcuni esempi

Ho mal di testa.
I have a headache.

Domani devo andare dal dentista.
I have to go to the dentist's tomorrow.

Mio figlio ha l'influenza.
My son has the flu.

Hai preso il raffreddore?
Did you catch a cold?

Mi viene spesso mal di pancia quando sono stressato.
I often get a stomachache when I'm stressed.

Giacomo si è rotto il polso.
Giacomo broke his wrist.

Sonia si è slogata la caviglia.
Sonia sprained her ankle.

Da domani comincio la dieta.
I am starting my diet tomorrow.

Il medico mi ha prescritto un antidolorifico.
The doctor prescribed me a painkiller.

Mio nonno ha avuto un infarto.
My grandfather had a heart attack.

Devi disinfettare subito la ferita.
You need to disinfect the wound immediately.

Mio papà ha la barba lunga.
My dad has a long beard.

La mia ragazza ha i capelli ricci.
My girlfriend has curly hair.

È stato ricoverato in terapia intensiva.
He was admitted to intensive care.

Bisogna lavarsi i denti dopo ogni pasto.
You need to brush your teeth after every meal.

Domani devo portare mia figlia dal pediatra.
I have to take my daughter to the paediatrician tomorrow.

Devo tenere il gesso per un mese.
I have to keep the cast for a month.

Ha le braccia muscolose.
He has muscular arms.

Lui ha le labbra sottili.
He has thin lips.

Che ciglia lunghe che hai!
What long lashes you have!

L'ambulanza sarà qui a momenti.
The ambulance will be here in a moment.

L'oculista mi ha prescritto gli occhiali da vista.
The ophthalmologist prescribed eyeglasses for me.

Dov'è il reparto di cardiologia?
Where is the cardiology department?

La prossima settimana dovrò fare gli esami del sangue.
Next week I will need to have blood tests.

Ieri sera avevo 38°C di febbre.
Last night I had a temperature of 38 degrees.

La salute è la cosa più importante.
Health is the most important thing.

Ho bisogno di aiuto.
I need help.

Ho la pelle molto delicata.
I have very delicate skin.

I miei nonni hanno un pessimo udito.
My grandparents have very bad hearing.

Il reparto di pneumologia si trova al quindicesimo piano.
The pneumology department is located on the fifteenth floor.

Dobbiamo correre al pronto soccorso!
We must run to the ER!

Mi manca il respiro.
I'm out of breath.

Il parto di mia moglie è stato molto lungo.
My wife went through a very long delivery.

Devo tagliarmi le unghie.
I need to cut my nails.

Ha una frattura al ginocchio destro.
His right knee is fractured.

Sono piena di lividi sulle gambe.
My legs are full of bruises.

Per riprendermi dall'infortunio dovrò fare due mesi di fisioterapia.
To recover from the injury, I will have to do two months of physiotherapy.

Hai un'ottima vista.
Your eyesight is great.

Domani non verrò a scuola perché dovrò andare ad una visita medica.
Tomorrow I will not go to school because I must attend a medical examination.

La mia ragazza ha i capelli biondi e gli occhi azzurri.
My girlfriend has blonde hair and blue eyes.

Sono passato ad un'alimentazione vegana.
I switched to a vegan diet.

Mia mamma ha deciso di mettersi a dieta.
My mum decided to start a diet.

CITTÀ

città = city
cittadina = town
metropoli = metropolis
capitale = capital
abitanti = inhabitants
centro città = city centre (UK), downtown (US)
città vecchia = old town
paesaggio urbano = cityscape
periferia = suburbs
strada = road
via = street, way
via principale = high street
traffico = traffic
viale = avenue
piazza = square
molo = pier
lungomare = seafront, promenade
marciapiede = sidewalk
angolo = corner
incrocio = intersection
rotonda = roundabout
strada pedonale = pedestrian street
strisce pedonali = pedestrian crossing
semaforo = traffic light
galleria = tunnel
sottopassaggio = underpass
cavalcavia = overpass
autostrada = highway, motorway
superhighway = superstrada
corsia = lane

svincolo = interchange
incrocio stradale = crossroads
strada sterrata = dirt road
quartiere = neighbourhood, district
isolato = block
edificio = building
cantiere = building site
palazzo = palace
grattacielo = skyscraper
municipio = town-hall
tribunale = court
chiesa = church
cattedrale = cathedral
castello = castle
stazione = station
ambasciata = embassy
banca = bank
ufficio postale = post office
parcheggio = parking, parking area
parco = park
parco giochi = playground
aiuola = flower bed
ponte = bridge
fontana = fountain
statua = statue
obelisco = obelisk
monumento = monument
panchina = bench
spazzatura = garbage, trash
bidone della spazzatura = garbage can
gate = cancello
lampione = streetlamp
tombino = manhole cover

Alcuni esempi

Roma è la capitale dell'Italia.
Rome is the capital city of Italy.

Non mi piacciono le metropoli.
I don't like metropolises.

Il mio migliore amico abita in questo quartiere.
My best friend lives in this neighbourhood.

Il David di Michelangelo è il monumento più famoso di Firenze.
Michelangelo's David is the most famous monument in Florence.

Ti va di fare una passeggiata sul lungomare?
Would you like to take a walk along the promenade?

Qual è la piazza principale di Barcellona?
What is the main square in Barcelona?

Oggi c'è più traffico del solito in città.
Today there is more traffic than usual in the city.

I miei nonni abitano in periferia.
My grandparents live in the suburbs.

Questa fontana venne costruita nel 1700.
This fountain was built in 1700.

Questo pomeriggio porto mio figlio al parco giochi.
I'm taking my son to the playground this afternoon.

Al prossimo incrocio gira a destra.
At the next intersection turn right.

Alla rotonda dobbiamo prendere la seconda uscita.
At the roundabout, we have to take the second exit.

La maggior parte dei negozi è sulla via principale.
Most of the shops are on the main street.

Sto cercando la stazione.
I'm looking for the station.

Le aiuole sono piene di tulipani.
The flower beds are full of tulips.

A che ora chiude l'ufficio postale?
What time does the post office close?

Il Burj Khalifa è il grattacielo più alto del mondo.
Burj Khalifa is the tallest skyscraper in the world.

Mia nonna va in chiesa ogni domenica.
My grandmother goes to church every Sunday.

Il municipio è di fronte al tribunale.
The town hall is opposite the court.

Il ponte è lungo cinque chilometri.
The bridge is five kilometres long.

Il cancello è chiuso.
The gate is closed.

Ultimamente stanno costruendo un sacco di nuovi edifici in periferia.
They have been building a lot of new buildings in the suburbs lately.

Trieste ha meno abitanti di Genova.
Trieste has fewer inhabitants than Genoa.

Oggi c'è più traffico del solito in città.
Today there is more traffic than usual in the city.

La scorsa domenica io e la mia famiglia abbiamo visitato il Castello Sforzesco.
Last Sunday my family and I visited the Castello Sforzesco.

La galleria è chiusa causa lavori.
The gallery is closed due to work.

Il mese prossimo mi trasferirò a Milano.
I will move to Milan next month.

Dovrebbero mettere più bidoni della spazzatura in centro città.
They should put more garbage cans in the city centre.

Nella via dove abita mia nonna si sono guastati tutti i lampioni.
All the streetlamps have broken in my grandmother's street.

Dovrò andare in tribunale il mese prossimo.
I have to go to court next month.

NATURA

natura = nature
paesaggio = landscape
acqua = water
fuoco = fire
cielo = sky
aria = air
sole = sun
luna = moon
stelle = stars
universo = universe
luce = light
buio = dark
fulmine = lightning, thunder bolt
tramonto = sunset
crepuscolo = twilight
alba = sunrise, dawn
aurora boreale = northern lights
mare = sea
oceano = ocean
costa = coast
scogliera = cliff
baia = bay
spiaggia = beach
isola = island
onda = wave
alta marea = high tide
bassa marea = low tide
barriera corallina = coral reef
fondale marino = seabed
sabbia = sand

ghiaia = grit
alga = seaweed
lago = lake
fiume = river
ruscello = stream
bosco = woods
foresta = forest
stagno = pond
palude = swamp
laguna = lagoon
cascata = waterfall
montagna = mountain
campagna = countryside
altopiano = plateau
catena montuosa = mountain range
roccia = rock, stone
ciottolo = pebble
ghiaccio = ice
ghiacciaio = glacier
banchisa = ice floe
valanga = avalanche
vulcano = volcano
cratere = crater
grotta = cave
stalattite = stalactite
stalagmite = stalagmite
collina = hill
valle = valley
terra = ground
fango = mud
foresta pluviale = rainforest
albero = tree
chioma dell'albero = treetop

ramo = branch
abete = fir
quercia = oak
acero = maple tree
pino = pine
ciliegio = cherry tree
cespuglio = bush
foglia = leaf
erba = grass
prato = lawn
terreno = soil
pianta = plant
fiore = flower
rosa = rose
tulipano = tulip
girasole = sunflower
margherita = daisy
petalo = petal
seme = seed
deserto = desert
savana = savannah
terra = land, ground

Alcuni esempi

Oggi c'è un tramonto stupendo.
Today there is a wonderful sunset.

In questo bosco ci sono querce secolari.
In this wood, there are centuries-old oaks.

Vorrei tanto passare una notte nel deserto a guardare le stelle.
I would love to spend a night in the desert looking at the stars.

L'anno prossimo vorrei andare in Giappone durante stagione della fioritura dei ciliegi.
Next year I would like to visit Japan during the cherry blossom season.

Il Monte Bianco è la montagna più alta d'Italia.
Mont Blanc is the highest mountain in Italy.

Le Ande sono la catena montuosa più lunga.
The longest mountain range is the Andes.

Il ruscello scorre a valle.
The stream flows into the valley.

Stava sulla cima della scogliera osservando le onde infrangersi sugli scogli.
He stood on top of the cliff watching the waves crash on the rocks.

Santorini è una delle isole greche più famose.
Santorini is one of the most famous Greek islands.

Il mio ragazzo mi ha regalato un bellissimo mazzo di rose rosse.
My boyfriend gave me a beautiful bouquet of red roses.

Hai tutti i pantaloni sporchi di fango.
Your trousers are all dirty with mud.

Le margherite sono i suoi fiori preferiti.
Daisies are her favourite flowers.

In Islanda ci sono delle cascate stupende.
In Iceland, there are some wonderful waterfalls.

Ieri sono stato tutto il giorno in spiaggia.
I was at the beach all day yesterday.

Il mio sogno è di andare in Lapponia a vedere l'aurora boreale.
My dream is to go to Lapland to see the Northern Lights.

Mio zio ha una casa in campagna.
My uncle has a house in the country.

Questa notte c'è la luna piena.
There is a full moon tonight.

Il monte Fuji è un famoso vulcano situato in Giappone.
Mount Fuji is a famous volcano located in Japan.

Un fulmine ha colpito l'abete nel mio giardino.
Lighting struck the spruce tree in my garden.

Ho regalato a mia nonna una piantina.
I gave my grandmother a plant.

La barriera corallina più estesa al mondo si trova in Australia.
The largest coral reef in the world is in Australia.

In inverno fa buio molto presto.
In winter it gets dark very early.

Ieri mi sono svegliato all'alba.
Yesterday I woke up at dawn.

L'acqua dei fiumi è molto fredda.
The water of the rivers is very cold.

Guarda che bei campi di girasole!
Look at those beautiful sunflower fields!

In questo periodo c'è un forte rischio di valanghe.
In this period there is a high risk of avalanches.

C'era un sacco di fango lungo il sentiero.
There was a lot of mud along the path.

Il Mar Caspio è il lago più grande del mondo.
The Caspian Sea is the largest lake in the world.

Ultimamente il mare è pieno di alghe.
Lately, the sea is full of algae.

Il mio acero sta crescendo.
My maple tree is growing.

La Toscana è famosa per le sue bellissime colline.
Tuscany is famous for its beautiful hills.

VIAGGIO E VACANZA

viaggio = travel, trip, journey
vacanza = holiday (UK), vacation (US)
gita = trip
escursione = excursion
esplorazione = exploration
ferie = holiday
turismo = tourism
ospitalità = hospitality
turista = tourist
viaggiatore = traveller
passeggero = passenger
trasporto = transport
andata = one-way
ritorno = return
destinazione = destination
luogo = place
vacanze estive = summer holidays
vacanze natalizie = christmas holiday
vacanza al mare = seaside holiday
crema solare = sunscreen
occhiali da sole = sunglasses
asciugamano da mare = towel
costume da bagno = swimsuit
vacanza in montagna = mountain holiday
vacanza in campagna = holiday in the countryside
all'estero = abroad
attività = activity
avventura = adventure
prenotazione = reservation
prenotazione online = online reservation

cancellazione = cancellation
bagaglio = luggage
valigia = suitcase
zaino = backpack
borsa = bag
giro turistico = sightseeing
tour guidato = guided tour
passeggiata = walk
itinerario = route
tragitto = journey, way
sentiero = path
campeggio = camping
sacco a pelo = sleeping bag
tenda = tent
torcia = torch
fornello a gas = gas cooker
lavanderia = laundry
noleggio = hire, rental
sentiero = path
cima = peak
vista = view
safari = safari
partenza = departure
arrivo = arrival
ritardo = delay
orario = schedule, time
rimborso = refund, reimbursement
caparra = deposit
tariffa = rate
equipaggio = crew
fila = queue (UK), line (US)
ritiro bagagli = baggage claim
bagagli smarriti = lost baggage

ufficio oggetti smarriti = lost and found
biglietto = ticket
biglietto di andata = one-way ticket
biglietto di andata e ritorno = round trip ticket
carta di identità = identity card, ID card
passaporto = passport
visto = visa
mappa = map
mappamondo = globe
bussola = compass
guida = guide
navigatore satellitare = sat nav, GPS
posizione = location
coordinate = coordinates

In aereo

aeroporto = airport
aereo = airplane
volo = flight
volo internazionale = international flight
volo nazionale = domestic flight
orario di partenza = departure time
orario di arrivo = arrival time
decollo = take off
atterraggio = landing
biglietto aereo = plane ticket
banco di check-in = check-in counter
scalo = stopover
controlli di sicurezza = security checkpoint
banco informazioni = information desk
imbarco = boarding
uscita d'imbarco = gate

dogana = customs
sala d'aspetto = waiting area, departure lounge
uscita di emergenza = emergency exit
gate d'imbarco = boarding gate
imbarco prioritario = priority boarding
carta di imbarco = boarding pass
bagaglio a mano = carry-on luggage
bagaglio da stiva = hold luggage
finestrino = window
corridoio = aisle
posto a sedere = seat
posto al finestrino = window seat
posto lato corridoio = aisle seat
schienale = backrest
toilette = toilet, lavatory
pista = runway
cintura di sicurezza = seat belt
uscita di sicurezza = emergency exit
classe turistica = economy class
classe business = business class
prima classe = first class
mal d'aria = air sickness
elicottero = helicopter

Via terra

treno = train
stazione ferroviaria = train station, railway station
biglietto del treno = train ticket
abbonamento ferroviario = rail pass
biglietteria = ticket counter
binario = track

rotaie = train tracks
ferrovia = railway
cancello = gate
vagone = wagon
WC = toilet, lavatory
deposito bagagli = luggage storage
prima classe = first class
seconda classe = second class
coincidenza = connection
fermata = stop
tabellone = timetable
automobile = car
autostop = hitch-hiking
autonoleggio = car rental, car hire
stazione di servizio = gas station
confine = border
pedaggio = toll
mal d'auto = car sickness
motore = engine
volante = steering wheel
pedali = pedals
acceleratore = accelerator
frizione = clutch
freno = brake
freno a mano = handbrake
leva del cambio = gear lever
marcia = gear
cambio manuale = manual transmission
cambio automatico = automatic transmission
retromarcia = reverse
pneumatici = tires
ruota = wheel
finestrino = window

fari = headlights
luci = lights
freccia = turn signal
bagagliaio = trunk
portiera = door
maniglia = handle
ammortizzatori = shock absorbers
batteria = battery
cinture di sicurezza = seatbelts
clacson = horn
sedile = seat
serbatoio = fuel tank
benzina = gas, gasoline
gasolio = diesel
carburante = fuel
pieno = full
assicurazione = insurance
velocità = speed
autista = driver
patente = license
incidente = accident
riparazione = repairs
veicolo = vehicle
moto = motorcycle
motorino = scooter
casco = helmet
bicicletta = bike, bicycle
manubrio = handlebar
catena = chain
pista ciclabile = cycle lane
noleggio bici = bike rental
autobus = bus
stazione degli autobus = bus station

fermata del bus = bus stop
navetta = shuttle
scuolabus = school bus
camper = camper van
furgone = van
camion = truck
metropolitana = underground (UK), subway (US)
a piedi = on foot

Via mare

nave = ship, boat
traghetto = ferry
nave da crociera = cruise ship
crociera = cruise
barca a vela = sailboat
motoscafo = speedboat
porto = port, harbor
faro = lighthouse
molo = pier
imbarco = boarding, embarkation
livello dell'acqua = water level
mare mosso = rough sea
mare aperto = open sea
mal di mare = seasickness
navigazione = navigation
naufragio = shipwreck

Alloggio

permanenza = stay
alloggio = accommodation
albergo = hotel
ostello = hostel
pensione = guesthouse, bed & breakfast
motel = motel
mezza pensione = half board
pensione completa = full board
ospite = guest
ricezione = reception
orario di check in = check in time
orario di check out = check out time
sveglia = wake-up call
numero di prenotazione = reservation number
servizio in camera = room service
camera = room
camera doppia = double room
camera singola = single room
con due letti singoli = with twin beds
con vista = with a view
frigobar = minibar
chiave della camera = room key
hotel a cinque stelle = five star hotel

Alcuni esempi

Dove andrai in vacanza questa estate?
Where will you go on holiday this summer?

Hai preparato le valige?
Have you packed your suitcases?

Ho prenotato una camera doppia in un albergo a cinque stelle.
I booked a double room in a five-star hotel.

Ricordati di prendere il passaporto e la carta d'identità.
Remember to take your passport and identity card.

Ho appena prenotato una crociera per questa estate.
I just booked a cruise for next summer.

A che ora abbiamo il volo?
What time is our flight?

Puoi consigliarmi un buon albergo?
Can you recommend me a good hotel?

I passeggeri si stanno imbarcando.
Passengers are boarding.

La colazione è inclusa?
Is breakfast included?

C'è un servizio di autonoleggio all'aeroporto?
Is there a car rental service at the airport?

Vogliamo noleggiare un'auto per cinque giorni.
We would like to rent a car for five days.

Ci vorranno tre giorni di navigazione per raggiungere l'isola di Creta.
It will take three days of navigation to reach the island of Crete.

Ricordati di mettere in valigia la crema solare.
Remember to pack sunscreen.

Mi piacerebbe imparare a sciare.
I would like to learn skiing.

Vuoi venire in campeggio con me questo fine settimana?
Would you like to go camping with me next weekend?

Mio papà adora fare delle lunghe escursioni in montagna.
My dad loves taking long hikes in the mountains.

Mi sono dimenticato di portare il sacco a pelo.
I forgot to bring my sleeping bag.

Dov'è l'ufficio oggetti smarriti?
Where is the lost and found office?

Ha comprato due biglietti aerei per le Maldive.
He bought two plane tickets to the Maldives.

Siete pregati di allacciare le cinture di sicurezza.
Please fasten your seat belts.

Il treno per Venezia è in partenza al binario cinque.
The train to Venice is leaving from platform five.

Può darmi il numero di prenotazione?
Can you give me the reservation number?

Devo fermarmi a fare benzina.
I have to stop for gas.

Ho la patente da otto anni.
I have had my driving license for eight years.

Dobbiamo pagare dieci euro di pedaggio.
We have to pay a toll of ten euros.

Dov'è la fermata dell'autobus?
Where is the bus stop?

Hai già trovato un alloggio?
Have you already found accommodation?

Faremo un tour guidato di Madrid.
We will take a guided tour of Madrid.

Ho tutto quello di cui ho bisogno in questo zaino.
I have everything I need in this backpack.

Vorrei fare il giro dell'Austria in bicicletta.
I would like to go around Austria by bicycle.

Ricordati di controllare la pressione degli pneumatici.
Remember to check the tire pressure.

Si è rotta la frizione della macchina.
The clutch of the car broke.

È pieno di turisti.
It is full of tourists.

Mia figlia ha il mal d'auto.
My daughter has car sickness.

Preferisco le vacanze al mare rispetto alle vacanze in montagna.
I prefer holidays by the sea over holidays in the mountains.

Cosa avete fatto durante le vacanze natalizie?
What did you do during the Christmas holidays?

Il traghetto partirà tra due ore.
The ferry will leave in two hours.

Andiamo a chiedere al banco informazioni.
Let's go and ask at the information desk.

Abbiamo uno scalo a Barcellona.
We have a layover in Barcelona.

Il treno è in ritardo di trenta minuti.
The train is thirty minutes late.

C'è una fila lunghissima per entrare al museo.
There is a very long queue to enter the museum.

Questa domenica voglio organizzare una gita insieme ai miei amici.
Next Sunday I want to organise a trip with my friends.

Prenderanno un volo internazionale.
They will take an international flight.

Abbiamo dovuto fare l'autostop.
We had to hitchhike.

Ci vogliono quindici minuti a piedi.
It takes fifteen minutes on foot.

Ho prenotato una bellissima camera con cancellazione gratuita fino a ventiquattro ore prima dell'arrivo.
I booked a beautiful room with free cancellation up to twenty-four hours before arrival.

Per domani mattina ho prenotato una lezione di snowboard.
I booked a snowboard lesson for tomorrow morning.

Domani dovremmo ricevere il rimborso dalla compagnia aerea.
We should receive the refund from the airline tomorrow.

Per l'escursione di domani ricordati di portare una torcia e una bussola.
For tomorrow's excursion, remember to bring a torch and a compass.

Verso l'ora di pranzo dovremmo arrivare alla cima.
Around lunchtime, we should reach the top.

Quale sarà la nostra prossima destinazione?
What will our next destination be?

La mia nuova macchina ha il cambio automatico.
My new car has an automatic transmission.

Mio fratello organizza sempre dei bellissimi itinerari.
My brother always organises beautiful itineraries.

Non è sicuro nuotare in mare aperto.
It is not safe to swim in the open sea.

Per la prima volta viaggerò in prima classe.
For the first time, I will travel first class.

Incontriamoci alla fermata del bus vicino alla stazione.
Let's meet at the bus stop near the station.

La metropolitana passa ogni dieci minuti.
The underground runs every ten minutes.

Durante la nostra vacanza a Paros abbiamo noleggiato un motorino.
During our vacation in Paros, we rented a scooter.

In Francia ci sono delle bellissime piste ciclabili.
In France, there are some beautiful cycle paths.

È pericoloso nuotare con il mare mosso.
It is dangerous to swim in rough seas.

L'atterraggio è stato piuttosto burrascoso.
The landing was rather stormy.

Ricordati di mettere la freccia a destra quando esci dalla rotonda.
Remember to use the right turn signal when you exit the roundabout.

Hanno fatto un incidente ma per fortuna stanno tutti bene.
They had an accident but luckily, they are all fine.

Ho apprezzato molto l'ospitalità degli irlandesi.
I really appreciated the hospitality of the Irish.

Ho prenotato un biglietto di sola andata.
I booked a one-way ticket.

Ho perso l'autobus.
I missed the bus.

Chiama il servizio in camera e chiedi se ci possono portare la colazione.
Call room service and ask if they can bring us breakfast.

Durante i nostri viaggi dormiamo sempre in ostello.
During our travels, we always sleep in hostels.

Questo bagagliaio è troppo piccolo per farci stare tutte queste valigie.
This trunk is too small to fit all these suitcases.

La mia fidanzata mi ha regalato un giro in elicottero per il nostro anniversario.
My fiancée gave me a helicopter ride for our anniversary.

Vorrei fare il giro del Canada in camper.
I would like to travel around Canada in a camper.

Nel prezzo del biglietto non è compreso il bagaglio da stiva.
The ticket price does not include checked baggage.

Andiamo a comprare una mappa della città.
Let's go buy a map of the city.

È pericoloso andare in bicicletta senza casco.
It is dangerous to ride a bicycle without wearing a helmet.

Puoi accendere il navigatore satellitare?
Can you turn on the GPS?

Durante il fine settimana la visita al faro è gratuita.
The visit to the lighthouse is free on weekends.

CUCINA E RISTORANTE

Cibi

cucina, gastronomia = cuisine
cibo = food
nutrimento = nourishment
pasto = meal
colazione = breakfast
pranzo = lunch
merenda, spuntino = snack
cena = dinner
fame = hunger
sete = thirst
sapore = flavour, taste
ricetta = recipe
cottura = cooking
cottura al vapore = steam cooking
grigliata = barbecue
frittura = frying
bollitura = boiling
dolciumi = sweets
torta = cake
crostata = pie
torta di mele = apple pie
fetta = slice
pezzo = piece
pan di spagna = sponge cake
biscotto = biscuit (UK), cookie (US)
ciambella = doughnut
brioche = croissant

caramelle = candies
pasticcini = pastries
cioccolato = chocolate
cioccolatini = chocolates
cacao = cocoa
lievito = yeast
farina = flour
burro = butter
burro di arachidi = peanut butter
crema di nocciole = hazelnut cream
zucchero = sugar
zucchero di canna = cane sugar
zucchero non raffinato = brown sugar
marmellata = marmalade, jam
crema = cream
panna montata = whipped cream
miele = honey
margarina = margarine
gelato = ice cream
acqua = water
acqua naturale = still water
acqua frizzante = sparkling water
acqua minerale = mineral water
acqua di rubinetto = tap water
caffè = coffee
tè = tea
sale = salt
pepe = pepper
olio = oil
olio d'oliva = olive oil
olio di semi = seed oil
aceto = vinegar
olive = olives

cereali = cereals
grano = wheat
riso = rice
riso integrale = brown rice
mais = corn
avena = oat
orzo = barley
pane = bread
fetta di pane = slice of bread
pane integrale = whole grain bread
pangrattato = breadcrumbs
panino = sandwich
pizza = pizza
pasta = pasta
pasta integrale = whole grain pasta
salsa di pomodoro = tomato sauce
verdura = vegetables
insalata = salad
cicoria = chicory
lattuga = lettuce
bietole = chard
finocchio = fennel
pomodoro = tomato
peperone = pepper
zucchine = zucchini
melanzana = aubergine (UK), eggplant (US)
cavolo = cabbage
asparagi = asparagus
barbabietola = beet
cetriolo = cucumber
carciofi = artichokes
cavolfiore = cauliflower
carote = carrots

sedano = celery
spinaci = spinach
cavolini di Bruxelles = Brussels sprouts
zucca = pumpkin
germogli = sprouts
funghi = mushrooms
patate = potatoes
patatine fritte = chips (UK), fries (US)
patate al forno = baked potatoes
cipolla = onion
aglio = garlic
minestra = soup
erbe aromatiche = herbs
prezzemolo = parsley
rosmarino = rosemary
origano = origan
basilico = basil
menta = mint
spezie = spices
curcuma = turmeric
zenzero = ginger
peperoncino = chili pepper
cannella = cinnamon
zafferano = saffron
frutta = fruit
mela = apple
pera = pear
banana = banana
pesca = peach
kiwi = kiwi
albicocca = apricot
ananas = ananas
arancia = orange

mandarino = tangerine
pompelmo = grapefruit
limone = lemon
fragole = strawberries
ciliegie = cherries
mirtilli = blueberries
lamponi = raspberries
ribes = currant
uva = grapes
anguria = watermelon
avocado = avocado
mango = mango
papaia = papaya
prugne = plums
cachi = persimmon
datteri = dates
succo di frutta = fruit juice
frullato = smoothie
legumi = legumes
soia = soy
fagioli = beans
ceci = chickpeas
piselli = peas
lenticchie = lentils
fave = broad beans
uovo = egg
carne = meat
bistecca = steak
prosciutto = ham
pancetta = bacon
salame = salami
salsiccia = sausage
ketchup = ketchup

maionese = mayonnaise
senape = mustard
pesce = fish
frutti di mare = seafood
surgelati = frozen food
latte = milk
formaggio = cheese
yogurt = yogurt
frutta secca = dried fruit
frutta a guscio = nuts
noci = walnuts
mandorle = almonds
arachidi = peanuts
castagne = chestnuts

Al ristorante

ristorante = restaurant
pizzeria = pizzeria
paninoteca = sandwich shop
ristorante italiano = Italian restaurant
ristorante giapponese = Japanese restaurant
ristorante cinese = Chinese restaurant
ristorante indiano = Indian restaurant
ristorante thailandese = Thai restaurant
ristorante greco = Greek restaurant
ristorante francese = French restaurant
ristorante messicano = Mexican restaurant
ristorante vegetariano = vegetarian restaurant
ristorante vegano = vegan restaurant
sala = room
tavolo = table
tavolo prenotato = reserved table

tavolo apparecchiato = set table
ordine = order
piatto = dish
portata = course
ingredienti = ingredients
menù = menu
menù fisso = set menu
aperitivo = aperitif
specialità del giorno = today's specials
antipasti = appetizers, starters
piatto principale = main course
piatti di pasta = pasta dishes
piatti di pesce = fish dishes
piatti di carne = meat dishes
piatti vegetariani = vegetarian dishes
piatti vegani = vegan dishes
contorni = side dishes
dolci = desserts
bevande = drinks
alcolici = liquor
alcol = alcohol
vino = wine
vino rosso = red wine
vino bianco = white wine
vino rosato = rosé wine
spumante = sparkling wine
birra = beer
calice = glass
posate = cutlery
tovagliolo = napkin
conto = bill
mancia = tip
bar = cafe, bar

caffè = cafe, coffee shop
caffetteria = cafeteria, coffee shop
gelateria = ice cream shop
locanda = inn
bancone = counter
mensa = canteen (UK), cafeteria (US)
osteria = tavern, pub
pasticceria = pastry, bakery
panificio = bakery

Alcuni esempi

Ricordati di comprare la salsa di pomodoro e tre pacchi di pasta integrale.
Remember to buy tomato sauce and three packs of wholwhole-grainta.

Cosa mangiamo per pranzo?
What are we eating for lunch?

Mia mamma sta preparando la cena.
My mum is making dinner.

Le fragole sono il mio frutto preferito.
Strawberries are my favourite fruit.

Domani dovrò andare in pasticceria a comprare una torta per il compleanno di mia figlia.
Tomorrow, I have to go to the bakery to buy a cake for my daughter's birthday.

Puoi passarmi l'olio per favore?
Can you pass the oil, please?

Di solito per colazione mangio un po' di biscotti e bevo una tazza di tè.
For breakfast, I usually eat some biscuits and drink tea.

Puoi tagliarmi un'altra fetta di torta per piacere?
Can you cut me another slice of cake, please?

Per merenda di solito mangio due fette di pane con il burro d'arachidi.
I usually eat two slices of bread with peanut butter for a snack.

Prima di andare in palestra mangio sempre un po' di frutta secca.
Before going to the gym, I always eat some dried fruit.

Vorrei un succo d'arancia per favore.
I would like orange juice, please.

Può portarci due calici di vino bianco?
Could you bring us two glasses of white wine?

Qual è la specialità del giorno?
What's the special of the day?

Vuoi venire con noi al ristorante giapponese domani sera?
Would you like to come with us to the Japanese restaurant tomorrow night?

Vorrei una bottiglia di acqua frizzante.
I'd like a bottle of sparkling water.

Posso avere il conto?
May I have the bill?

Per San Valentino mio marito mi ha regalato una scatola di cioccolatini.
For Valentine's Day, my husband gave me a box of chocolates.

Non bevo mai il caffè.
I never drink coffee.

Non mi piace il sapore della cipolla.
I don't like the taste of onion.

Ha preparato una torta di mele deliziosa.
She made a delicious apple pie.

C'è un ristorante vegano in centro città?
Is there a vegan restaurant in the city centre?

Per il nostro anniversario vorrei portarti al miglior ristorante italiano della città.
For our anniversary I would like to take you to the best Italian restaurant in town.

Hanno messo troppo peperoncino nel mio piatto.
They put too much chilli on my plate.

Mio fratello ha sempre fame.
My brother is always hungry.

Dopo aver mangiato la pizza mi viene sempre sete.
After eating pizza, I always get thirsty.

Posso avere un tovagliolo?
Can I have a napkin?

Ho smesso di mangiare carne da circa sei mesi.
I stopped eating meat about six months ago.

Ricordati di lasciare la mancia al cameriere.
Remember to tip the waiter.

Per merenda mi preparo sempre un frullato di frutta.
For a snack, I always make a fruit smoothie.

Dobbiamo comprare una bottiglia di spumante per fare il brindisi di Capodanno.
We have to buy a bottle of sparkling wine for the New Year's toast.

Potresti portarci delle posate per favore?
Could you bring us some cutlery, please?

Vorrei una pinta di birra.
I'd like a pint of beer.

Potremmo avere il menù dei dolci?
Could we have the dessert menu?

Andiamo in pasticceria a prendere alcuni pasticcini per la festa.
Let's go to the bakery to get some pastries for the party.

Ho cucinato del riso integrale con le zucchine.
I cooked brown rice with zucchini.

Mangio sempre un po' di frutta secca per colazione.
I always eat some dried fruit for breakfast.

Ho comprato due piantine di erbe aromatiche.
I bought two herb plants.

A mio nipote non piacciono i datteri.
My nephew doesn't like dates.

Preparerò una minestra di zucca domani sera.
I'll make pumpkin soup tomorrow night.

Andiamo a farci un aperitivo dopo lavoro?
Shall we go for an aperitif after work?

Secondo me ho messo troppa cipolla nell'insalata.
I think I put too much onion in the salad.

Mia mamma fa delle patate al forno deliziose.
My mom makes some delicious baked potatoes.

Ho voglia di un gelato.
I want an ice cream.

Ho mangiato un toast con avocado.
I had an avocado toast.

Le noci sono ricche di Omega 3.
Walnuts are rich in Omega 3.

Può portarci delle posate?
Can you bring us some cutlery?

Non bevo alcolici.
I don't drink alcohol.

I legumi sono ricchi di proteine.
Legumes are rich in protein.

Mio papà ha fatto la pasta con le lenticchie.
My dad made pasta with lentils.

Posso offrirti del succo di frutta?
Can I get you some fruit juice?

Quando arriva l'autunno mangio un sacco di castagne.
When autumn comes, I eat a lot of chestnuts.

Ho finito un intero pacco di biscotti in un solo pomeriggio.
I finished a whole pack of cookies in one afternoon.

Siamo andati a raccogliere tantissime ciliegie.
We went to pick a lot of cherries.

Mia moglie prepara un risotto alla zafferano delizioso.
My wife makes a delicious saffron risotto.

Che ne dici di andare al bar a prendere delle ciambelle?
How about going to the bar to get some doughnuts?

ACQUISTI, PRODOTTI, SERVIZI

acquisto = purchase
vendita = sale
noleggio = rental
pubblicità = advertising
venditore = seller
cliente = client
proprietario = owner
marca = brand
prodotto = product
bene = good
servizio = service
oggetto = object, item
cosa = thing
roba = stuff
scambio = exchange
prezzo = price
soldi = money
contanti = cash
costo = cost
valore = value
regalo = gift
prestito = loan
mutuo = mortgage
cassa = cash register
vetrina = shop window
orario = store hours
mercato = market, marketplace
supermercato = supermarket, grocery store
centro commerciale = mall, shopping center

negozio = shop (UK), store (US)
chiosco = kiosk, stand
negozio di alimentari = grocery store
grande magazzino = department store
negozio di vestiti = clothing store
camerino = changing room
negozio di calzature = shoe shop
negozio di articoli sportivi = sport shop
negozio di elettronica = electronic store
negozio di giocattoli = toy store
negozio di articoli per bambini = children's shop
negozio di abbigliamento per bambini = children's clothing store
negozio di arredamento = furniture shop
negozio di casalinghi = household shop
negozio di bici = bike shop
negozio di musica = music shop
negozio di dischi = record shop
negozio di borse = bags shop
negozio di alcolici = liquor store
negozio di antiquariato = antique shop
negozio di souvenir = souvenir shop
concessionaria = dealership
agenzia immobiliare = real estate agency
agenzia di viaggi = travel agency
libreria = library, bookstore
tabaccheria = tobacco shop
sigaretta = cigarette
fumo = smoke
profumeria = perfumery
profumo = perfume
gioielleria = jeweller (UK), jewelry store (US)
edicola = newsstand
giornale = newspaper

articolo = article
informazione = information
notizia = news
rivista = magazine
farmacia = pharmacy (UK), drugstore (US)
erboristeria = herbalist shop
ottico = optician
calzoleria = shoe repairer
fioraio = flower shop
fruttivendolo = greengrocer
pescheria = fish market
macelleria = butcher shop
copisteria = copy shop
cartoleria = stationery shop
ferramenta = hardware store
fotografo = photo studio
lavanderia = laundry
parrucchiere = hair salon, hairdresser
centro estetico = beauty salon
barbiere = barbershop
mercatino delle pulci = flea market
mercatino di Natale = Christmas market
acquisti natalizi = Christmas shopping
fiera = fair
evento = event
pagamento = payment
carta di credito = credit card
scontrino = receipt, ticket
fattura = invoice, bill
contratto = contract, agreement
firma = signature
affare = deal
sconto = discount

saldi = sale
offerta = offer
risparmio = saving
acquirente = buyer
affittasi = for rent
vendesi = for sale
mercato immobiliare = real estate market
mercato azionario = stock market
investimento = investment
interesse = interest
assegno = check
guadagno = gain, profit
profitto = profit
perdita = loss
debito = debt
tasso di cambio = exchange rate
valuta = currency
cambio di valuta = currency exchange
scaffale = shelf
camerino = dressing room
rifornimento = supply
esaurito = out of stock
magazzino = warehouse
scorte = supply
ordine = order
spedizione = shipping
corriere = courier
pacco = package
consegna = delivery
reso = return
prodotto difettoso = faulty product
prodotto sbagliato = wrong product
buco = hole

acquisto online = online purchase
recensione = review
alimentari = food
elettronica = electronics
accessori = accessories
prodotti per la casa = household products
cancelleria = stationery
prodotti per animali = pet supplies
articoli sportivi = sporting goods
prodotti per bambini = baby products
abbigliamento = clothing
abbigliamento da lavoro = workwear
abbigliamento sportivo = sportswear
moda = fashion
vestiti = clothes
vestiti estivi = summer clothes
vestiti invernali = winter clothes
taglia = size
stile = style
articolo = item
maglia = shirt
maglietta = T-shirt
maglione = sweater
felpa = sweatshirt
tuta = tracksuit
camicia = shirt
camicetta = blouse
jeans = jeans (indumento), denim (materiale)
pantaloni = trousers
salopette = dungarees
vestito (da donna) = dress
vestito da festa = party dress
gonna = skirt

minigonna = miniskirt
pantaloncini = shorts
completo da uomo = suit
costume da bagno = swimsuit
bikini = bikini
pigiama = pajamas
vestaglia = robe
calze = socks
collant = tights
scarpe = shoes
ciabatte = slippers
sandali = sandals
scarpe da ginnastica = trainers (UK), sneakers (US)
scarpe con tacco = high-heeled shoes
scarpe basse = flat shoes
stivali = boots
borsetta = handbag, purse
orologio = watch, clock
cintura = belt
occhiali = glasses
portafoglio = wallet
sciarpa = scarf
foulard = foulard, scarf
cappello = hat
berretto = cap
guanti = gloves
cappotto = coat
gilet = vest
impermeabile = raincoat
giacca = jacket
giacca a vento = windbreaker
giacca di jeans = denim jacket
giacca di pelle = leather jacket

finta pelle = faux leather
finta pelliccia = faux fur
tasca = pocket
manica = sleeve
cerniera = zipper
colletto = collar
cravatta = tie
biancheria intima = underwear
mutande = pants
canottiera = tank top
reggiseno = bra
infradito = flip flops
accappatoio = bathrobe
trucco = make up
rossetto = lipstick
matita per occhi = eye pencil
ombretti = eyeshadows
fondotinta = foundation
gioielli = jewelry
collana = necklace
braccialetto = bracelet
orecchini = earrings
anello = ring
spazzola = brush
pettine = comb
asciugacapelli = hair dryer
piastra per capelli = hair straightener (UK), flat iron (US)
crema corpo = lotion
spazzolino da denti = toothbrush
dentifricio = toothpaste
rasoio = razor
rasoio elettrico = electric shaver
dopobarba = aftershave

deodorante = deodorant
bagnoschiuma = shower gel
detergente = cleanser
detersivo = cleanser
sapone = soap
carta igienica = toilet paper
pannolino = diaper
assorbenti esterni = pads
assorbenti interni = tampons
ammorbidente = fabric softener
bottiglia = bottle
contenitore = container
coperchio = cover, lid
cesto = basket
scatola = box
scatolone = cardboard box
sacco = bag
busta = envelope
sacchetto di carta = paper bag
sacchetto di plastica = plastic bag
lattina = can
tubo = tube
nastro adesivo = tape, adhesive tape
vaso = vase
cornice = frame

Alcuni esempi

Ho bisogno di un paio di scarpe da ginnastica nuove.
I need a new pair of trainers.

Vado in camerino a provare questi pantaloni.
I'm going to the dressing room to try these trousers on.

Gli abbiamo regalato un orologio.
We gave him a watch.

Sto cercando una camicia bianca.
I am looking for a white shirt.

Posso provare questa collana?
May I try this necklace on?

Il mio ragazzo mi ha regalato un braccialetto.
My boyfriend gave me a bracelet.

Non seguo molto la moda.
I don't follow fashion very much.

Posso pagare con la carta di credito?
May I pay with a credit card?

Pago in contanti.
I will pay in cash.

Sono andato in banca a chiedere un prestito.
I went to the bank to ask for a loan.

Mi ha insegnato a fare il nodo alla cravatta.
He taught me how to tie a tie.

Hanno aperto un nuovo negozio per animali.
They have opened a new pet shop.

Sono stata tutto il pomeriggio al centro commerciale.
I've been in the mall all afternoon.

Sono iniziati i saldi invernali.
The winter sales have started.

Devo fare il reso perché ho ricevuto un prodotto difettoso.
I have to make a return because I received a faulty product.

Tra poco dovrebbe arrivare il corriere con il mio pacco.
The courier should arrive soon with my package.

Ho preso appuntamento dal parrucchiere per domani pomeriggio.
I made an appointment at the hairdresser for tomorrow afternoon.

Abbiamo esaurito le scorte in magazzino.
We have run out of stock in the warehouse.

Posso avere un sacchetto di carta?
May I have a paper bag?

Sto andando in edicola a comprare il giornale.
I'm going to the newsstand to buy the newspaper.

Può fare una recensione positiva?
May you give us a positive review?

Ho fatto un pessimo acquisto.
I made a bad purchase.

Sono andato in agenzia viaggi per prenotare una crociera nel Mediterraneo.
I went to the travel agency to book a Mediterranean cruise.

Ho comprato questa cintura al mercatino di Natale.
I bought this belt at the Christmas market.

Sto cercando una felpa taglia M.
I'm looking for a size M sweatshirt.

Che bella sciarpa! Dove l'hai comprata?
What a beautiful scarf! Where did you buy it?

C'è un negozio di abbigliamento sportivo nelle vicinanze?
Is there a sportswear shop nearby?

Può darmi due sacchetti di plastica per favore?
Could you give me two plastic bags, please?

Ho messo in vendita la mia piastra per capelli.
I put my hair straightener up for sale.

In quel negozio non fanno mai lo scontrino.
They never give a receipt in that shop.

Mi ha fatto uno sconto del 20%.
He gave me a 20% discount.

È finito il dentifricio.
We are out of toothpaste.

Questo sapone mi secca la pelle delle mani.
This soap dries my hands' skin.

Può farmi la fattura?
Can you make me an invoice?

Questo prodotto è in offerta.
This item is on sale.

Puoi portare questi vestiti in lavanderia domani mattina?
Can you take these clothes to the laundry tomorrow morning?

Devo andare in drogheria a comprare il detersivo per il bucato.
I have to go to the grocery store to buy laundry detergent.

Devo mettere in vendita tutta la roba che ho negli scatoloni.
I have to sell all the stuff I have in the boxes.

La farmacia è aperta tutti i giorni dalle 9 alle 19.
The pharmacy is open every day from 9 am to 7 pm.

La libreria chiuderà tra dieci minuti.
The bookshop will close in ten minutes.

Ti piacciono i miei nuovi orecchini?
Do you like my new earrings?

Dovrò comprarmi un paio di infradito prima che cominci l'estate.
I'll have to buy myself a pair of flip-flops before summer starts.

Vado in camerino a provare questi pantaloni.
I'm going to the dressing room to try on these trousers.

Il cliente ha sempre ragione.
The customer is always right.

Quel venditore è stato molto insistente.
That salesman was very persistent.

Dov'è il reparto di biancheria intima?
Where is the underwear department?

Puoi comprare due lattine di cola quando vai al supermercato?
Can you buy two cans of cola when you go to the supermarket?

C'è un negozio di articoli sportivi nelle vicinanze?
Is there a sporting goods store nearby?

Non ho abbastanza soldi per comprare quel vestito.
I don't have enough money to buy that dress.

Mia nonna mi regala sempre due paia di calze per Natale.
My grandmother always gives me two pairs of socks for Christmas.

Per il mio compleanno vorrei tanto ricevere quella borsetta.
For my birthday I would love to receive that handbag.

La carta d'identità dovrebbe essere tenuta sempre in portafoglio.
The identity card should always be kept in the wallet.

Sarai pieno di debiti se continui a spendere al di sopra delle tue possibilità.
You will be in debt if you continue to spend beyond your means.

Andiamo a cercare un negozio di souvenir.
Let's go find a souvenir shop.

Il tuo bagnoschiuma ha un buonissimo odore.
Your shower gel smells really good.

Preferisco usare il rasoio elettrico.
I prefer to use the electric razor.

CULTURA, POLITICA, SOCIETÀ, RELIGIONE

politica = politics
governo = government
presidente = president
parlamento = parliament
senato = senate
politico = politician
repubblica = republic
monarchia = monarchy
istituzione = institution
regno = kingdom
impero = empire
re = king
regina = queen
principe = prince
principessa = princess
corona = crown
elezioni = elections
campagna elettorale = election campaign
discorso = speech, talk
costituzione = constitution
democrazia = democracy
legge = law
voto = vote
riforma = reform
legislazione = legislation
dichiarazione = statement
congresso = congress
portavoce = spokesman
potere = power

anarchia = anarchy
dittatura = dictatorship
comunismo = communism
fascismo = fascism
nazismo = nazism
debito pubblico = public debt
tasse = taxes
crisi = crisis
inflazione = inflation
Unione Europea = European Union
capitalismo = capitalism
società = society
comunità = community
proprietà = property
diritti = rights
razzismo = racism
sessismo = sexism
uguaglianza = equality
solidarietà = solidarity
libertà = freedom
civiltà = civilisation, civility
festività = festivity, holiday
Natale = Christmas
Pasqua = Easter
Capodanno = New Year's Eve
Carnevale = Carnival
sciopero = strike
rivoluzione = revolution
giustizia = justice
ingiustizia = injustice
prigione = prison
sentenza = judgment
criminalità = criminality

criminale = criminal
crimine = crime
reato = offence
omicidio = murder, homicide
assassino = murderer
vittima = victim
furto = theft
ladro = thief
truffa = fraud
furto con scasso = burglary
rapina = robbery
rapimento = kidnapping
rapinatore = robber
corruzione = corruption
mafia = mafia
droga = drug
arma = weapon
pistola = gun
guerra = war
battaglia = battle
conflitto = conflict
esercito = army
bomba = bomb
pace = peace
sanità = healthcare
persone, popolo = people
folla = crowd
cittadini = citizens
ricchezza = wealth
povertà = poverty
istruzione = education
beneficenza = charity
raccolta fondi = fundraising

fondazione = foundation
immigrato = immigrant
immigrazione = immigration
emigrazione = emigration
globalizzazione = globalization
religione = religion
preghiera = prayer
Dio = God
Cristo = Christ
fede = faith
cristianesimo = Christianity
cristiano = Christian
cristiano ortodosso = Orthodox Christian
cattolicesimo = Catholicism
cattolico = Catholic
simbolo = symbol
croce = cross
protestantesimo = Protestantism
protestante = Protestant
ebraismo = Judaism
ebreo = Jew
buddismo = Buddhism
buddista = Buddhist
islam = Islam
islamico = Islamic
induismo = Hinduism
induista = Hindu
ateismo = atheism
ateo = atheist
monoteismo = monotheism
politeismo = polytheism
Bibbia = Bible
battesimo = baptism, christening

comunione = communion
cresima = confirmation
funerale = funeral
paradiso = paradise, heaven
inferno = hell
purgatorio = purgatory
Corano = Koran
Torah = Torah
Papa = Pope
cardinale = cardinal
vescovo = bishop
prete = priest
suora = nun, sister
monaco = monk
cultura = culture
lingua = language
gergo, lingua colloquiale = slang
tradizione = tradition
usanza = custom
patrimonio artistico = artistic heritage
patrimonio storico = historical heritage

Alcuni esempi

Tra un mese ci saranno le elezioni.
There will be elections in a month.

In democrazia vince la maggioranza.
In a democracy, the majority wins.

Il presidente degli Stati Uniti ha tenuto un importante discorso.
The president of the United States gave an important speech.

Quell'uomo stato arrestato per furto.
That man was arrested for theft.

La vittima era una donna di circa 40 anni.
The victim was a woman of about 40.

A Tijuana, in Messico, c'è un tasso di criminalità molto alto.
In Tijuana, Mexico, there is a very high crime rate.

Tutto il ricavato sarà dato in beneficenza.
All proceeds will be given to charity.

In molti Paesi del mondo c'è povertà.
In many countries of the world, there is poverty.

La folla sta protestando contro l'aumento delle tasse.
The crowd is protesting against the tax rise.

Domani la scuola rimarrà chiusa per sciopero.
Tomorrow the school will be closed due to a strike.

Lo spagnolo è una bellissima lingua.
Spanish is a beautiful language.

Mio fratello è ateo.
My brother is an atheist.

La Spagna è una monarchia.
Spain is a monarchy.

La Bibbia è il libro sacro della religione cristiana.
The Bible is the holy book of the Christian religion.

Tutti i cittadini devono avere gli stessi diritti.
All citizens must have the same rights.

Bisogna fare la cresima se ci si vuole sposare in chiesa.
Confirmation is required if you want to get married in church.

Il Natale è la mia festività preferita.
Christmas is my favourite holiday.

Questo pomeriggio andrò a comprare delle uova di Pasqua per i miei nipoti.
This afternoon I'm going to buy some Easter eggs for my grandchildren.

Lui è stato arrestato per frode.
He was arrested for fraud.

Quest'anno il debito pubblico è aumentato di cinquanta miliardi.
This year the public debt increased by fifty billion.

Che lingua si parla in Brasile?
What language is spoken in Brazil?

Qual è il primo articolo della Costituzione italiana?
What is the first article of the Italian Constitution?

L'ebraismo è una religione monoteista.
Judaism is a monotheistic religion.

In Giappone c'è l'usanza di salutarsi facendo un inchino.
In Japan, there is the custom of greeting each other with a bow.

Il comunismo era molto diffuso nei Paesi dell'Est.
Communism was widespread in Eastern Countries.

Ci sono stati degli episodi di razzismo nella mia scuola.
There have been racist incidents in my school.

La corruzione è un reato.
Corruption is a crime.

Credi nel Paradiso?
Do you believe in Heaven?

Il discorso del Papa ha emozionato tutti i fedeli.
The Pope's speech moved all the faithful.

Lo stato dovrebbe investire molti più soldi nella sanità.
The State should invest much more money in healthcare.

In molti Paesi del terzo mondo i bambini sono senza istruzione.
In many third-world countries, children are uneducated.

Stiamo organizzando una raccolta fondi.
We are organising a fundraiser.

Il Carnevale di Venezia è uno dei più famosi al mondo.
The Venice Carnival is one of the most famous in the world.

Gesù Cristo è il figlio di Dio.
Jesus Christ is God's son.

A mio parere è necessaria una riforma della giustizia.
In my opinion, a reform of the justice system is needed.

SEGNALI, INDICAZIONI, CIRCOLAZIONE STRADALE

indicazioni = indications
direzione = direction
dritto = straight
su = up
giù = down
destra = right
sinistra = left
avanti = ahead, forward
indietro = back
punti cardinali = cardinal points
nord = north
sud = south
est = east
ovest = west
segnali = signals
segnali verticali = vertical signals
segnali orizzontali = horizontal signals
stop = stop
precedenza = precedence
passo carrabile = tow away zone
divieto di sosta = no parking
divieto di fermata = no waiting
divieto di transito = no thoroughfare
limite di velocità = speed limit
divieto di sorpasso = no overtaking
divieto di svolta = no turn
strada a senso unico = one way road
strada a doppio senso = two-way street
svolta obbligatoria a sinistra = compulsory left turn
svolta obbligatoria a destra = compulsory right turn

strada a pedaggio = toll road
strada sdrucciolevole = slippery road
strada senza uscita = dead end street
passaggio a livello con barriere = level crossing with barriers
passaggio a livello senza barriere = level crossing without barriers
inversione a U = U-turn
caduta massi = falling rocks
salita ripida = steep climb
discesa pericolosa = dangerous descent
forte vento laterale = strong side wind
portata massima = maximum load
fermata dell'autobus = bus stop
pericolo = danger
alta tensione = high voltage
attenzione = caution
entrata = entry, entrance
uscita = exit
emergenza = emergency
uscita di emergenza = emergency exit
pavimento bagnato = wet floor
occupato = occupied
vietato l'accesso = no trespassing
vietato fumare = no smoking
vietato fotografare = no photographs
lavori in corso = work in progress
fuori servizio = out of order
non disturbare = do not disturb
non calpestare l'erba = do not walk on the grass
divieto di balneazione = no bathing
affittasi = for rent
vendesi = for sale

Alcuni esempi

Al prossimo incrocio gira a destra.
At the next intersection turn right.

Prosegui dritto per circa tre chilometri e troverai la stazione di servizio alla tua sinistra.
Continue straight for about three kilometres and you will find the petrol station on your left.

Stai attento a non superare il limite di velocità!
Be careful not to exceed the speed limit!

Non puoi parcheggiare qui, c'è il segnale di divieto di sosta.
You cannot park here, there is a no-parking sign.

Fai una inversione a U e torna indietro.
Make a U-turn and go back.

Chiediamo delle indicazioni a qualcuno.
Let's ask someone for directions.

Dov'è l'uscita?
Where is the exit?

Si è tuffata nonostante ci fosse il segnale di divieto di balneazione.
She dived despite the bathing prohibition sign.

Tra due chilometri inizia la strada a pedaggio.
The toll road begins in two kilometres.

Il segnale vietato fumare c'è in quasi tutti i luoghi chiusi.
There is a no-smoking sign in almost all enclosed places.

Il vigile mi ha fatto la multa perché ho parcheggiato davanti ad un passo carrabile.
The policeman gave me a fine because I parked in front of a driveway.

Siamo davanti all'entrata del museo.
We are in front of the museum entrance.

I segnali verticali hanno la meglio sui segnali orizzontali.
Vertical signs prevail over horizontal signs.

Lo sai il motivo per cui la bussola indica sempre il nord?
Do you know why the compass always points north?

Attento! Stai andando contromano in una strada a senso unico!
Careful! You're going the wrong way on a one-way street!

I bagni pubblici sono fuori servizio.
Public toilets are out of order.

Avevo io la precedenza!
I had the right of way!

MONDO E AMBIENTE

universo = universe
pianeta = planet
mondo = world
Terra = Earth
umanità = humankind
continenti = continents
nazione = nation
Paese = country
Stato = State
regione = region
nazionalità = nationality
popolazione = population
confine = border
Europa = Europe
Italia = Italy
italiano = Italian
Francia = France
francese = French
Spagna = Spain
spagnolo = Spanish
Portogallo = Portugal
portoghese = Portuguese
Germania = Germany
tedesco = German
Regno unito = United kingdom
britannico = British
Inghilterra = England
inglese = English
Scozia = Scotland
scozzese = Scottish

Irlanda = Ireland
irlandese = Irish
Galles = Wales
gallese = Welsh
Paesi bassi = Netherlands
olandese = Dutch
Belgio = Belgium
belga = Belgian
Danimarca = Denmark
danese = Danish
Svezia = Sweden
svedese = Swedish
Norvegia = Norway
norvegese = Norwegian
Finlandia = Finland
finlandese = Finnish
Estonia = Estonia
estone = Estonian
Islanda = Iceland
islandese = Icelandic
Austria = Austria
austriaco = Austrian
Svizzera = Switzerland
svizzero = Swiss
Polonia = Poland
polacco = Polish
Slovenia = Slovenia
sloveno = Slovenian
Croazia = Croatia
croato = Croatian
Grecia = Greece
greco = Greek
Russia = Russia

russo = Russian
Ucraina = Ukraine
ucraino = Ukrainian
Serbia = Serbia
serbo = Serbian
Romania = Romania
rumeno = Romanian
Albania = Albania
albanese = Albanian
Ungheria = Hungary
ungherese = Hungarian
Repubblica Ceca = Czech Republic
ceco = Czech
Bulgaria = Bulgaria
bulgaro = Bulgarian
America = America
Nord America = North America
nordamericano = North American
Stati Uniti = United States
americano = American
Canada = Canada
canadese = Canadian
America centrale = Central America
Messico = Mexico
messicano = Mexican
Sud America = South America
sudamericano = South American
Brasile = Brasil
brasiliano = Brazilian
Argentina = Argentina
argentino = Argentine
Colombia = Colombia
colombiano = Colombian

Perù = Peru
peruviano = Peruvian
Cile = Chile
cileno = Chilean
Venezuela = Venezuela
Bolivia = Bolivia
Asia = Asia
asiatico = Asian
Turchia = Turkey
turco = Turkish
Israele = Israel
israeliano = Israeli
Arabia Saudita = Saudi Arabia
arabo = Arabic
Emirati Arabi Uniti = United Arab Emirates
India = India
indiano = Indian
Giappone = Japan
giapponese = Japanese
Cina = China
cinese = Chinese
Corea del Nord = North Korea
Corea del Sud = South Korea
coreano = Korean
Filippine = Philippines
filippino = Philippine
Thailandia = Thailand
tailandese = Thai
Indonesia = Indonesia
indonesiano = Indonesian
Vietnam = Vietnam
vietnamita = Vietnamese
Africa = Africa

africano = African
Sudafrica = South Africa
sudafricano = South African
Egitto = Egypt
egiziano = Egyptian
Marocco = Morocco
marocchino = Moroccan
Algeria = Algeria
algerino = Algerian
Tunisia = Tunisia
tunisino = Tunisian
Giordania = Jordan
giordano = Jordanian
Etiopia = Ethiopia
etiope = Ethiopian
Oceania = Oceania
Australia = Australia
australiano = Australian
Nuova Zelanda = New Zealand
neozelandese = New Zealander
Antartide = Antarctica
Polo Nord = North Pole
Polo Sud = South Pole
ambiente = environment
atmosfera = atmosphere
fabbrica = factory
fattoria = farm
campo = field
agricoltura = agriculture
industria = industry
allevamento = breeding
allevamento intensivo = intensive farming
inquinamento = pollution

polveri sottili = fine dust
buco dell'ozono = ozone hole
clima = climate
biodiversità = biodiversity
cambiamento climatico = climate change
riscaldamento globale = global warming
effetto serra = greenhouse effect
gas serra = greenhouse gases
deforestazione = deforestation
scioglimento dei ghiacci = ice melting
estinzione = extinction
combustibili fossili = fossil fuels
petrolio = oil
radiazioni = radiation
energia = energy
centrale elettrica = power plant
centrale nucleare = nuclear power plant
energia nucleare = nuclear energy
energia rinnovabile = renewable energy
energia eolica = wind energy
energia solare = solar energy
energia elettrica = electric energy
energia idroelettrica = hydroelectric energy
rifiuti = waste
raccolta differenziata = separate collection

Alcuni esempi

Vivo in Svezia da circa cinque anni.
I have been living in Sweden for about five years.

La Slovenia confina con l'Italia, l'Austria, la Croazia e l'Ungheria.
Slovenia borders with Italy, Austria, Croatia and Hungary.

Mia mamma vorrebbe trasferirsi in Irlanda.
My mom would like to move to Ireland.

In Argentina si parla lo spagnolo.
Spanish is spoken in Argentina.

Qual è la capitale del Portogallo?
What is the capital of Portugal?

Lo scioglimento dei ghiacci è causato dal riscaldamento globale.
The ice melting is caused by global warming.

A mia sorella piace la cultura giapponese.
My sister likes Japanese culture.

Di che nazionalità sei?
What's your nationality?

Sono scozzese.
I am Scottish.

Il petrolio è un combustibile fossile.
Oil is a fossil fuel.

I gas serra stanno danneggiando il nostro pianeta.
Greenhouse gases are harming our planet.

L'energia nucleare può essere molto pericolosa.
Nuclear energy can be very dangerous.

Il continente asiatico è il più esteso della Terra.
The Asian continent is the largest on Earth.

Molti animali rischiano l'estinzione a causa dell'uomo.
Many animals are at risk of extinction due to man.

La raccolta differenziata è un modo per ridurre l'impatto ambientale.
Separate collection is a way to reduce environmental impact.

L'energia solare e l'energia eolica sono delle ottime fonti di energia rinnovabile.
Solar energy and wind energy are excellent sources of renewable energy.

Le polveri sottili sono molto pericolose per la nostra salute.
Fine particles are very dangerous for our health.

L'allevamento è tra le principali cause di emissioni di CO2, deforestazione, estinzione delle specie e altri problemi ambientali.
Farming is among the main causes of CO2 emissions, deforestation, species extinction and other environmental problems.

Non bisogna gettare i rifiuti a terra.
Do not throw rubbish on the ground.

Le radiazioni ionizzanti possono provocare gravi danni alla nostra salute.
Ionizing radiation can cause serious damage to our health.

L'inquinamento dell'aria, soprattutto nelle città, è un problema molto serio.
Air pollution, especially in cities, is a very serious problem.

Gli Stati Uniti e la Cina sono le due più grandi potenze mondiali.
The United States and China are the two largest world powers.

In India c'è un problema di sovrappopolazione.
In India, there is an overpopulation problem.

La fabbrica vicino a casa tua inquina molto.
The factory near your home pollutes a lot.

Sei mai stato in Norvegia?
Have you ever been to Norway?

Il mio sogno è andare in Egitto e vedere le piramidi.
My dream is to go to Egypt and see the pyramids.

Il Regno Unito è ufficialmente uscito dall'Unione Europea.
The United Kingdom has officially left the European Union.

Io e il mio migliore amico siamo andati a raccogliere i rifiuti sulla spiaggia.
My best friend and I went to collect garbage on the beach.

Ho vissuto in Canada per un anno e mezzo.
I lived in Canada for a year and a half.

TECNOLOGIA

tecnologia = technology
elettronica = electronics
presa elettrica = electric socket
telefono = telephone
cellulare = mobile phone
chiamata = call
videochiamata = video call
messaggio = message, text
posta elettronica = e-mail
messaggistica istantanea = instant messaging
segreteria telefonica = voice mail
credito = credit
applicazione = application
impostazioni = settings
suoneria = ringtone
sfondo del telefono = phone wallpaper
scheda memoria = memory card
spazio = space
scheda sim = sim card
auricolari = earphones
cuffie = headphones
televisione = television
telecomando = remote control
canali tv = tv channels
antenna satellitare = satellite antenna
radio = radio
casse = speakers
volume = volume
computer portatile = laptop
computer da scrivania = desktop computer

tastiera = keyboard
mouse = mouse
barra spaziatrice = space bar
schermo = screen, display
stampante = printer
connessione internet = internet connection
disco = disk
disco rigido = hard drive
batteria = battery
caricabatterie = battery charger
cavo = cable
presa usb = usb socket
router senza fili = wireless router
dispositivo = device
macchina = machine
indirizzo email = email address
nome utente = username
documento = document
copia = copy
foglio elettronico = spreadsheet
motore di ricerca = search engine
sistema operativo = operating system
sito internet = website
codice = code
drone = drone

Alcuni esempi

Ti piace il mio nuovo cellulare?
Do you like my new mobile phone?

Sto creando il mio sito internet.
I am creating my website.

È tutto il giorno che non funziona la connessione internet.
The internet connection hasn't worked all day.

La stampante si è rotta, dovremo comprare una nuova.
The printer broke, we will have to buy a new one.

Puoi darmi il tuo indirizzo e-mail?
Can you give me your email address?

Ho appena scaricato un'applicazione molto utile.
I just downloaded a very useful application.

Hai letto il mio messaggio?
Have you read my message?

Mia nonna non è molto brava con la tecnologia.
My grandmother is not very good with technology.

Mi si sta scaricando la batteria del telefono.
My phone's battery is running low.

Potresti prestarmi un paio di auricolari?
Could you lend me a pair of earphones?

Quando è in macchina Laura ascolta sempre la radio.
When she's in the car, Laura always listens to the radio.

Prova a modificare le impostazioni.
Try changing the settings.

Qual è il tuo nome utente?
What's your username?

Sto guardando la televisione.
I'm watching tv.

Quale motore di ricerca utilizzi?
Which search engine do you use?

Quale sistema operativo è stato installato su questo computer?
What operating system is installed on this computer?

Puoi abbassare il volume?
Can you lower the volume?

Non trovo il mio caricabatterie.
I can’t find my charger.

Per pilotare i droni professionali è necessario avere il patentino.
To fly professional drones, it is necessary to have a license.

Facciamo una videochiamata!
Let’s have a video call!

Si sono scaricate le batterie del telecomando.
The remote-control batteries have run out.

Mio nonno ascolta le notizie alla radio.
My grandfather listens to the news on the radio.

MATERIALI

materiale = material
plastica = plastic
gomma = rubber
vetro = glass
metallo = metal
acciaio = steel
alluminio = aluminium
ferro = iron
oro = gold
argento = silver
bronzo = bronze
ghisa = cast iron
piombo = lead
legno = wood
carta = paper
cartone = carton, cardboard
sughero = cork
ceramica = ceramic
porcellana = porcelain
marmo = marble
cemento = concrete, cement
cemento armato = reinforced concrete
tessuto = fabric
cotone = cotton
poliestere = polyester
fibre sintetiche = synthetic fibers
lana = wool
seta = silk
lino = linen
velluto = velvet

ago = needle
filo = thread

Alcuni esempi

Di che tessuto è questa camicia?
What fabric is this shirt made of?

I miei nonni mi regalarono questa collana d'oro.
My grandparents gave me this gold necklace.

La seta è un tessuto molto pregiato.
Silk is a very fine fabric.

La plastica non è biodegradabile.
Plastic is not biodegradable.

Questo muro è in cemento armato.
This wall is made of reinforced concrete.

Le vernici contenenti piombo sono state ritirate dal commercio.
Lead-containing paints have been withdrawn from the market.

Sto cercando un servizio di piatti in porcellana.
I am looking for a porcelain plate set.

Questo pavimento è di marmo.
This floor is made of marble.

Non voglio comprare vestiti composti da fibre sintetiche come il poliestere.
I don't want to buy clothes made from synthetic fibres like polyester.

Ho deciso di comprare una borraccia in acciaio.
I decided to buy a steel bottle.

Ho bisogno di ago e filo.
I need a needle and thread.

Questo quaderno è fatto con carta riciclata.
This notebook is made with recycled paper.

TERMINI GENERICI E ASTRATTI

libertà = freedom
indipendenza = independence
autonomia = autonomy
speranza = hope
curiosità = curiosity
dignità = dignity
orgoglio = pride
occasione = occasion
realtà = reality
esistenza = existence
parte = part, side
identità = identity
mente = mind
concentrazione = concentration
intelligenza = intelligence
stupidità = stupidity
ignoranza = ignorance
conoscenza = knowledge
memoria = memory
costanza = constancy
tenacia = tenacity
iniziativa = initiative
abitudine = habit
cambiamento = change
evoluzione = evolution
confronto = comparison
tema = theme, topic
progresso = progress
miglioramento = improvement

influenza = influence
vantaggio = benefit, advantage
coerenza = consistency
incoerenza = inconsistency
funzione = function
fase = phase
sequenza = sequence
fattore = factor
azione = action
avventura = adventure
divertimento = fun
intrattenimento = entertainment
movimento = movement
possibilità = possibility, chance
bontà = goodness
generosità = generosity
altruismo = altruism
solidarietà = solidarity
favore = favour
piacere = pleasure
condivisione = sharing
collaborazione = collaboration, cooperation
creazione = creation
presenza = presence
assenza = absence
mancanza = lack, absence
attesa = waiting
aspetto = aspect
apparenza = appearance
impressione = impression
interpretazione = interpretation
pazienza = patience
gentilezza = kindness

dolcezza = sweetness
sensibilità = sensitivity
malvagità = wickedness
vendetta = vengeance
contrasto = contrast
determinazione = determination
motivazione = motivation
coraggio = courage
autostima = self esteem
stima = esteem
condizione = condition
protezione = protection
sicurezza = safety
prudenza = prudence
debolezza = weakness
limite = limit
simpatia = sympathy
antipatia = antipathy, dislike
difetto = defect, flaw
astuzia = cunning
ingenuità = naivety
eleganza = elegance
bellezza = beauty
brillantezza = brilliance
ammirazione = admiration
resilienza = resilience
rispetto = respect
fortuna = luck
sfortuna = bad luck
caratteristica = feature, characteristic
consiglio = advice
critica = criticism
offesa = offense

insulto = insult
reputazione = reputation
pregiudizio = prejudice
stereotipo = stereotype
morale = morality
preferenza = preference
semplicità = simplicity
difficoltà = difficulty
teoria = theory
concetto = concept
contesto = context
principio = principle
significato = meaning
spiegazione = explanation
nozione = notion
idea = idea
potenziale = potential
responsabilità = responsibility
efficienza = efficiency
impegno = commitment
problema = problem, issue
guaio = trouble
disastro = disaster
danno = damage
colpa = fault
soluzione = solution
silenzio = silence
confusione = confusion
rumore = noise
suono = sound
varietà = variety
differenza = difference
divario = gap

trasformazione = transformation
convinzione = belief
anima = soul
destino = destiny
combinazione = combination
coincidenza = coincidence
desiderio = desire, wish
sogno = dream
fantasia = fantasy
immaginazione = imagination
incubo = nightmare
lussuria = lust
consapevolezza = awareness
timidezza = shyness
momento = moment
strategia = strategy
piano = plan
organizzazione = organisation
tecnica = technique
sviluppo = development
flusso = flow
bugia = lie
verità = truth
promessa = promise
sincerità = sincerity
lealtà = loyalty
fiducia = trust, confidence
tradimento = betrayal
espressione = expression
rappresentazione = representation
fatica = fatigue
sforzo = effort, struggle
tentativo = attempt

contributo = contribution
riposo = rest
dovere = duty
reazione = reaction
errore = mistake, error
delusione = disappointment
illusione = illusion
ambizione = ambition
successo = success
fallimento = failure
pericolo = danger
rischio = risk
minaccia = threat
prevenzione = prevention
inizio = beginning, start
fine = end
conclusione = conclusion
avidità = greed
egoismo = selfishness
narcisismo = narcissism
ipocrisia = hypocrisy
pigrizia = laziness
senso = sense
motivo = reason
scopo = purpose
intenzione = intention
bisogno = need
opinione = opinion
pensiero = thought
malinteso = misunderstanding
paranoia = paranoia
previsione = forecast
situazione = situation

decisione = decision
selezione = selection
importanza = importance
priorità = priority
considerazione = consideration
fama = fame
popolarità = popularity
crescita = growth
opportunità = opportunity, chance
opportunismo = opportunism
opportunista = opportunist
proposta = proposal
scelta = choice
dubbio = doubt
indecisione = indecision
persuasione = persuasion
manipolazione = manipulation
uso = use
fatto = fact
atto = act
contatto = contact
dettaglio = detail
metodo = method
maniera = manner
regola = rule
esempio = example
disciplina = discipline
richiesta = request, demand
requisito = requirement
causa = cause
conseguenza = consequence
effetto = effect
descrizione = description

pubblicazione = publication
scena = scene
sfondo = background
definizione = definition
morbidezza = softness
durezza = hardness
grandezza = greatness
bordo = edge
forma = shape, form
sfida = challenge
miglioramento = improvement
maggioranza = majority
minoranza = minority
origine = origin
introspezione = introspection
umiltà = humility
vanità = vanity
generazione = generation
unione = union
alleanza = alliance
iscrizione = registration, subscription
estensione = extension
espansione = expansion
caduta = fall
manutenzione = maintenance
recupero = recovery
richiesta = request
opzione = option
rilascio = release
domanda = question
risposta = answer, reply

Alcuni esempi

Ogni azione ha una conseguenza.
Every action has a consequence.

Mi piacciono le sue maniere.
I like his manners.

Voglio fare ancora un tentativo.
I want to make another attempt.

Qual è il tuo più grande desiderio?
What is your biggest wish?

Ho poca autostima, dovrei avere più fiducia in me stessa.
I have low self-esteem, I should have more confidence in myself.

Non bisogna mai perdere la speranza.
We must never lose hope.

Sono piena di dubbi.
I am full of doubts.

Dobbiamo fare una scelta.
We have to make a choice.

La famiglia è la mia priorità.
Family is my priority.

C'è stato un malinteso.
There has been a misunderstanding.

Mantengo sempre le promesse.
I always keep my promises.

Posso chiederti un favore?
Can I ask you a favour?

Le ha fatto la proposta di matrimonio.
He proposed to her.

Quali sono le tue intenzioni?
What are your intentions?

Dobbiamo trovare una soluzione per questo problema.
We need to find a solution to this problem.

Ho una reputazione da difendere.
I have a reputation to uphold.

Non ho ricevuto alcuna risposta.
I have not received any response.

Ho molta ammirazione per lui.
I have a lot of admiration for him.

Ho molta fiducia nelle tue capacità.
I have a lot of faith in your abilities.

La tua opinione ha molta importanza per me.
Your opinion matters a lot to me.

Abbiamo due opzioni.
We have two options.

Puoi farmi un esempio?
Can you give me an example?

Lei mi dà sempre ottimi consigli.
She always gives me great advice.

Non è colpa mia.
It's not my fault.

Dico sempre la verità.
I always tell the truth.

Mi hai detto una bugia?
Did you tell me a lie?

Sono curioso di sapere quale sarà la sua decisione.
I'm curious what his decision will be.

Credi nel destino?
Do you believe in fate?

Mia figlia ha molta immaginazione.
My daughter has a lot of imagination.

Ho commesso un errore.
I made a mistake.

Accetti la sfida?
Do you accept the challenge?

È una grande opportunità.
It is a great opportunity.

Ha molta pazienza con i bambini.
He has a lot of patience with children.

Devo cambiare le mie abitudini se voglio realizzare i miei sogni.
I have to change my habits if I want to make my dreams come true.

Hai avuto molta fortuna ad incontrare una donna come lei.
You were very lucky to meet a woman like her.

Non sopporto la sua ipocrisia.
I can't stand his hypocrisy.

Ho ricevuto molte delusioni nella mia vita.
I have received many disappointments in my life.

Mi hanno fatto molte domande.
They asked me a lot of questions.

Sei in grande forma.
You are in great shape.

Questa notte ho fatto un incubo.
I had a nightmare last night.

Puoi venire un momento?
Can you come for a moment?

Claudia ha avuto un'idea geniale.
Claudia had a brilliant idea.

La disciplina è molto importante se vuoi raggiungere i tuoi obiettivi.
Discipline is very important if you want to achieve your goals.

Dobbiamo correre il rischio.
We have to take the risk.

Il fallimento fa parte della vita.
Failure is part of life.

Hai un'ottima organizzazione.
You have an excellent organisation.

Bisogna fare un po' di manutenzione.
Some maintenance needs to be done.

Non mi piacciono i suoi metodi educativi.
I don't like his educational methods.

La libertà di espressione è un diritto di tutti.
Freedom of expression is everyone's right.

È una minaccia?
Is it a threat?

Starò sempre dalla tua parte.
I will always be by your side.

È una situazione difficile.
It is a difficult situation.

La prevenzione è importante.
Prevention is important.

Devi prenderti le tue responsabilità.
You have to take responsibility.

Puoi darmi un'altra possibilità?
Can you give me another chance?

Cosa c'è sullo sfondo?
What's in the background?

Mi hai mancato di rispetto troppe volte.
You have disrespected me too many times.

Con tutto il rispetto, penso che questa idea sia stupida.
With all due respect, I think this idea is stupid.

La pigrizia è il mio più grande difetto.
Laziness is my biggest flaw.

La pubblicazione del libro è prevista tra un mese.
The book is expected to be published in a month.

Il narcisismo è un disturbo della personalità.
Narcissism is a personality disorder.

La sua umiltà è ammirevole.
His humility is admirable.

Ho bisogno di un po' di riposo.
I need some rest.

Il divario tra le squadre è evidente.
The gap between the teams is clear.

La dignità umana è inviolabile.
Human dignity is inviolable.

Ci tiene molto a fare una buona impressione.
He really wants to make a good impression.

Il mercato immobiliare ha avuto una crescita enorme.
The real estate market has experienced tremendous growth.

Ha fatto una brutta caduta.
He made a bad fall.

In questo periodo ho molti pensieri per la testa.
I have been having a lot of thoughts on my mind lately.

Abbiamo deciso di stringere un'alleanza.
We decided to forge an alliance.

Mi ha fatto una strana richiesta.
He made me a strange request.

Non sono mai stata interessata alla popolarità.
I've never been interested in popularity.

Questo è solo l'inizio.
This is just the beginning.

Non stare sul bordo!
Don't stand on the edge!

È una strana coincidenza.
It is a strange coincidence.

Dobbiamo lavorare in totale sicurezza.
We must work in total safety.

Dici cose senza senso.
You are talking nonsense.

La mia generazione non è brava con la tecnologia.
My generation is not good with technology.

Amo il suono della tua voce.
I love the sound of your voice.

La professoressa diede una spiegazione molto esauriente.
The teacher gave a very thorough explanation.

È stata una lunga attesa.
It has been a long wait.

È un'occasione irripetibile.
It is a once-in-a-lifetime opportunity.

Ammiro la tua resilienza.
I admire your resilience.

Sto leggendo un libro sulla manipolazione mentale.
I'm reading a book on mind manipulation.

È molto bravo nell'arte della persuasione.
He is very good at the art of persuasion.

Ti fai troppe paranoie.
You are too paranoid.

Mi hai fatto perdere la concentrazione.
You made me lose focus.

La mente umana è molto complessa.
The human mind is very complex.

Ha un'autonomia di circa quattrocento chilometri.
It has an autonomy of about four hundred kilometres.

Voglio raggiungere la mia indipendenza finanziaria al più presto.
I want to achieve financial independence as soon as possible.

Devo trovare il mio scopo nella vita.
I have to find my purpose in life.

Il Disastro di Chernobyl è stato probabilmente il peggior disastro ambientale della storia.
The Chernobyl disaster was probably the worst environmental disaster in history.

Ha molta fiducia in sé.
He has a lot of self-confidence.

Il tuo tradimento mi ha spezzato il cuore.
Your betrayal broke my heart.

Devi imparare a rispettare le regole.
You have to learn to respect the rules.

Non sopporto più la tua indecisione.
I can't stand your indecision anymore.

Mi è venuto un dubbio.
I have a doubt.

Penso di avere tutti i requisiti.
I think I have all the requirements.

Racconti per imparare l'inglese

Dieci racconti in inglese per apprendere la lingua e ampliare il vocabolario divertendoti

Elena Goldsmith

JOHNNY IN THE FIELDS

JOHNNY NEI CAMPI

Johnny was simple: he liked flowers, nature, walking around the **fields** with his cousin Cassie and touching the apples on the trees. Also, he wanted to create little **gifts** for his uncles to tell them that he was very happy living with them.

Johnny era una persona semplice: gli piacevano i fiori, la natura, passeggiare per i campi insieme a sua cugina Cassie e toccare le mele sugli alberi. Gli piaceva anche fare dei piccoli regali per i suoi zii, come modo per dire che era molto felice di vivere con loro.

Johnny was an **orphan**. He was thirteen years old, had brown hair and green eyes, and a little **scar** near his mouth. Cassie was blonde and had long hair, but she always had **braids**. She was only seven years old, but when she was with Johnny, she acted like a **grown-up** woman and started talking about life, death, and the many qualities of chocolate.

Johnny era un orfano. Aveva tredici anni, i capelli marroni e gli occhi verdi, con una piccola cicatrice vicino alla bocca. Cassie era bionda, aveva i capelli lunghi ma portava sempre le trecce. Aveva solo sette anni, ma quando era con Johnny si comportava come una donna matura e iniziava a parlare della vita, della morte, o delle tante qualità del cioccolato.

His uncle Marcus worked on a big blue boat called “Billie Moore” and spent his days with men like him. They all seemed identical: they all had a white **beard** and a **hat** on their head, a pair of yellow **boots** and a blue **jumpsuit**, like the boat. Some of them also had tattoos on their arms or legs, but Uncle Marcus was clean, maybe because he didn't like them.

Suo zio Marcus lavorava su una barca grande e blu che si chiamava "Billie Moore" e passava le sue giornate con uomini come lui. Sembravano tutti uguali: avevano tutti la barba bianca e un cappello in testa, un paio di stivali gialli e una tuta blu, come la barca. Alcuni avevano anche dei tatuaggi sulle braccia o sulle gambe, ma suo zio Marcus era completamente pulito, forse perché non gli piacevano.

His aunt, instead, was called Flora and didn't have tattoos either. She had blonde hair and often wore it in a **ponytail**, mostly when she cleaned the five rooms in their house.

Sua zia, invece, si chiamava Flora e nemmeno lei aveva tatuaggi. Aveva i capelli biondi e li portava spesso raccolti in una coda di cavallo, soprattutto quando puliva le cinque stanze della loro casa.

When Uncle Marcus was at work, Aunt Flora spent her day cleaning, **picking up** potatoes or **feeding** the dogs. But when they were together, they walked **through** the city or slept together on the **couch** because he said he loved the sea, but he didn't **stand** it anymore.

Quando zio Marcus era a lavoro, zia Flora passava le sue giornate a pulire, a raccogliere le patate o a dare da mangiare ai cani. Quando invece erano insieme, camminavano per il paese o dormivano insieme sul divano, perché lui diceva che amava il mare ma non lo sopportava più.

Aunt Flora was calm and always smiling, and she thought anybody had **noticed** her **wish** to have a little **wooden** house where she could plant flowers, fruit, and vegetables. She changed her mood **towards** Johnny depending on the moment.

Zia Flora era una persona tranquilla e sempre sorridente, e pensava che nessuno si fosse accorto del suo grande desiderio di avere una piccola casa di legno dove piantare i fiori, la frutta e la verdura. Nei confronti di Johnny, però, cambiava umore in base al momento.

Sometimes she felt **tenderness** because that kid had suffered a lot in his life, and there **seemed** to have finally found his peace. Other times she felt angry when she watched him moving away into the fields or coming back home for dinner after doing nothing all day. Indeed, it was not his **fault**, but the boy was still **a mouth to feed**. Also, sometimes he seemed capable of eating the whole table with his growing-teenager appetite.

A volte provava tenerezza perché quel ragazzino aveva sofferto molto nella sua vita, e lì sembrava finalmente aver trovato la sua pace. Altre volte provava rabbia quando lo vedeva allontanarsi nei campi o tornare per cena senza aver combinato nulla tutto il giorno. Non era di certo colpa sua, ma il ragazzo era pur sempre una bocca in più da sfamare. E poi, a volte sembrava avere la capacità di divorare tutto il tavolo, con il suo appetito da adolescente in crescita.

Johnny couldn't do anything about it, and he couldn't completely understand what it meant for them to have him in their own house, but it wasn't always that easy.
In the most **challenging** times, Flora thought of how she could send him away.
Sometimes she thought she could explain everything, from their difficulties to the love they felt for him, but when she watched him walk with his head on the clouds, she thought they could not let him go.

Johnny non poteva farci nulla e anzi non era nemmeno in grado di capire del tutto cosa significasse per loro averlo accolto in casa propria, ma non era sempre così facile.
Nei momenti più duri, Flora pensava a come mandarlo via. A volte pensava di potergli spiegare tutto, dalle loro difficoltà all'affetto che provavano per lui, ma quando lo vedeva camminare con la testa fra le nuvole pensava che non avrebbero potuto lasciato andare.

Another problem was that Johnny was like an older brother to Cassie. Every day they walked, talking among themselves in a secret language, and they acted the same way, like when they called mom or Aunt Flora from the window or ate and slept.

C'era anche un altro problema, che Johnny era come un fratello maggiore per Cassie. Ogni giorno i due camminavano parlando tra loro un linguaggio segreto e si comportavano allo stesso modo, come quando chiamavano mamma o zia Flora dalla finestra, quando mangiavano e anche quando dormivano.

So, the days went by, and Johnny still walked through the fields.
Once, watching him return, Flora **suggested** he go work with Marcus or help her with their **countryside**, but Johnny – and Cassie behind him – mysteriously smiled, kissed her on the **cheek** and just told her: «Thanks, auntie, I'll think about it».

Così, passavano i giorni e Johnny continuava a passeggiare nei campi.
Una volta, vedendolo tornare, Flora gli suggerì di andare a lavorare con Marcus o di aiutarla con i lavori di campagna, ma Johnny – e Cassie dietro di lui – sorrise misteriosamente, le diede un bacio sulla guancia e le disse solo: «grazie, zia, ci penserò».

She seemed the only one to consider that Johnny might work with them to help the family because Cassie was always with him, and Marcus was never there. When he was, he listened to her and smiled at her **requests**, always answering: «Let him walk».

Lei sembrava l'unica a considerare il fatto che Johnny potesse lavorare insieme a loro per aiutare la famiglia, perché Cassie era sempre insieme a lui e Marcus non c'era mai. Quando c'era, la ascoltava ma sorrideva anche lui alle sue richieste, rispondendole sempre: «Lascialo passeggiare».

At night, before sleeping, she thought about those mysterious smiles and the difficulties Johnny had lived in his life. So, she fell asleep every time, thinking: «Let him walk a bit more, why not».

La sera, prima di addormentarsi, ripensava a quei sorrisi misteriosi e alle difficoltà che Johnny aveva vissuto nella vita. Così, ogni volta, si addormentava pensando: «Lasciamolo vagare un altro po', perché no».

One day, though, something happened. Flora woke up and called Johnny and Cassie for breakfast, but they didn't answer.
She waited five, ten, twenty minutes while preparing hot milk and coffee, but there wasn't any sign of them.

Un giorno, però, accadde qualcosa. Flora si svegliò e chiamò Johnny e Cassie per la colazione, ma loro non risposero.
Aspettò cinque, dieci, venti minuti mentre preparava il latte caldo e il caffè, ma non c'era ancora nessun segno dei due.

Finally, Flora **went up** the stairs and found their beds empty; Cassie's brush was still in its place.
«Johnny, Cassie!» she started calling them **loudly** while she went through the house's other rooms. It was **useless**. Johnny and Cassie **had disappeared**.

Alla fine, Flora salì le scale e trovò i loro letti vuoti; la spazzola di Cassie era ancora al suo posto.
«Johnny, Cassie!» iniziò a chiamare ad alta voce, mentre girava fra le altre stanze della casa. Tutto inutile. Johnny e Cassie erano spariti.

She ran into her room to **dress up** and went out of the house, hoping that Marcus' boat was still at the port. Outside the door, though, she found Marcus himself waiting for her.
«What are you doing here?» she asked him.
He smiled. «Don't worry. Now you'll see.»

Corse nella sua camera a vestirsi e uscì di casa, sperando che la barca di Marcus fosse ancora al porto. Fuori dalla porta, però, trovò Marcus in persona ad aspettarla.

«Che ci fai qui?» gli chiese.

Lui le sorrise. «Non ti preoccupare. Adesso vedrai.»

He took her hand and started walking through the same field where Johnny **spent** all his time. Flora followed him but didn't say a word. She was too confused by what was going on.

La prese per mano e iniziò a camminare verso il prato, lo stesso dove Johnny passava tutto il suo tempo. Flora lo seguì ma non disse una parola. Era troppo confusa da quello che stava succedendo.

They passed a field and another one after it until they **reached** a solitary **building** among the trees. It was a beautiful little house made of wood, full of flowers beside the walls and a little garden where Flora could already see some tomatoes.

Passarono un campo e un altro ancora, fino a che non arrivarono ad una struttura solitaria fra gli alberi. Era una casetta in legno bellissima, piena di fiori attorno alle mura e con un piccolo orto dove Flora vedeva già alcuni pomodori.

She looked at Marcus, more confused than before. He didn't say anything, but he **got closer** to the house. Then, finally, the white **drapes** inside moved, and someone opened the door.

Guardò Marcus, ancora più confusa di prima. Lui non disse niente ma si avvicinò alla casa. Poi le tende bianche si mossero e qualcuno aprì la porta.

Johnny and Cassie went out and **greeted** her as if there wasn't anything **weird**.

«Hi auntie,» said Johnny smiling, «I built this house for you. This is all yours». Flora started laughing and crying at the same time and **hugged** them. All in all, having Johnny in their family was not that bad.

Johnny e Cassie uscirono e la salutarono come se non ci fosse niente di strano.

«Ciao zia» le disse Johnny sorridendo, «Ho costruito questa casa per te. Questo è tutto tuo». Flora scoppiò a ridere e a piangere al tempo stesso e li abbracciò. In fondo, avere Johnny nella loro famiglia non era poi così male.

Vocabulary

- Field: campo
- Gifts: regali
- Orphan: orfano
- Scar: cicatrice
- Braids: trecce
- Grown-up: cresciuto, maturo
- Beard: barba
- Hat: cappello
- Boots: stivali
- Jumpsuit: tuta
- Ponytail: coda di cavallo
- To pick up: raccogliere
- To feed: nutrire
- Through: attraverso
- Couch: divano
- To stand: sopportare
- To notice: notare, accorgersi
- Wish: desiderio
- Wooden: di legno
- Towards: nei confronti di
- Tenderness: tenerezza
- To seem: sembrare
- Fault: colpa
- A mouth to feed: una bocca da sfamare
- Challenging: impegnativo
- To suggest: suggerire
- Countryside: campagna
- Cheek: guancia
- Request: richiesta
- To go up: salire
- Loudly: a voce alta, forte

- Useless: inutile
- To disappear: scomparire
- To dress up: vestirsi
- To spend: trascorrere, spendere
- To reach: raggiungere, arrivare
- Building: edificio
- Closer: più vicino
- Drapes: tende
- To greet: salutare
- Weird: strano
- To hug: abbracciare

Questions

1. Who does Johnny live with?

   ____

2. Where does Uncle Marcus work?

   ____

3. How old is Cassie?

   ____

4. How does Aunt Flora feel towards him?

   ____

5. Why does Johnny always walk in the fields?

   ____

6. Why does Aunt Flora cry at the end?

   ____

IT'S TIME TO GO

È ORA DI ANDARE

Sunny Side Beach was a **lovely** city on the West Coast. There lived twenty thousand people, the sun was always **shining**, and the sea was the colour of the deepest blue.

Sunny Side Beach era una bella cittadina sulla costa occidentale. Ci vivevano ventimila persone, il sole era sempre splendente e il mare aveva il colore del blu più profondo.

Every morning you could see people swimming, surfing, or running on the beach; you could find tourists from Italy to the USA to Puerto Rico, **attracted** by this little town, **as well as** old and young people walking on the beach with their dogs or eating ice cream with their friends.

Ogni mattina potevi vedere persone che nuotavano, facevano surf o correvano in spiaggia; potevi trovare turisti dall'Italia agli USA a Puerto Rico, attratti da questa piccola città, così come giovani e anziani che camminavano in spiaggia con i loro cani o mangiavano un gelato con i loro amici.

Everyone was happy in Sunny Side Beach except Margot. She was a very young girl, eighteen years old, and she lived with her two older brothers, Samuel and Jack, as well as her mother Catherine, her father Mike and her grandmother Lucinda.

Tutti erano felici a Sunny Side Beach, eccetto Margot. Era una ragazza molto giovane, aveva diciotto anni e viveva con i suoi due fratelli più grandi, chiamati Samuel e Jack, così come con sua madre Catherine, suo padre Mike e sua nonna Lucinda.

They also had a three-year-old dog named Lucky because she felt **lucky** to have him in her life, and he had white **fur** with black **dots**.

Avevano anche un cane di tre anni che si chiamava Lucky, perché lei si sentiva fortunata ad averlo nella sua vita, e aveva il pelo bianco con dei puntini neri.

Lucky was one of Margot's best friends: he always played with her and listened to her little **daily** problems, like when she didn't want to eat vegetables for dinner, when she wanted to sleep but still hadn't finished her homework, and especially when she **argued** with Samuel or Jack to decide who could choose what to watch on TV.

Lucky era uno dei migliori amici di Margot: giocava sempre con lei e ascoltava i suoi piccoli problemi quotidiani, come quando lei non voleva mangiare verdure per cena, quando voleva andare a dormire ma non aveva ancora finito i suoi compiti, e soprattutto quando litigava con Samuel o Jack per decidere chi potesse scegliere cosa guardare in TV.

Anyway, this is not the reason why Margot was **unhappy**. She had everything she wanted, from her dog Lucky to her favourite **classmate** and best friend, Kelly. She enjoyed cooking and singing, but she most liked to **travel abroad** – even if she had only travelled to Canada.

In ogni caso, non era questa la ragione per cui Margot non era felice. Aveva tutto quello che voleva nella vita, dal suo cane Lucky alla sua compagna di classe preferita e migliore amica Kelly. Le piaceva cucinare e cantare, ma più di tutto le piaceva viaggiare all'estero – anche se fino ad ora aveva viaggiato solo in Canada.

Her biggest dream in life was to visit every country in the world and speak every possible language to talk to every person she would meet during her **trips** and ask about their life, culture and even their favourite food.

Il suo sogno più grande nella vita era visitare ogni Paese del mondo e parlare ogni lingua possibile, per poter parlare con ogni persona incontrata nel corso dei suoi viaggi e chiedere della loro vita, della loro cultura e persino del loro cibo preferito.

The problem was that Margot felt like she didn't **belong** to Sunny Side Beach and its little streets, its two **bookshops** and the same old people.
As she liked to say to Kelly, she belonged to the world and always knew it.

Il problema era che Margot sentiva di non appartenere a Sunny Side Beach e alle sue piccole strade, alle sue due librerie e alle solite vecchie persone.
Come diceva spesso a Kelly, lei apparteneva al mondo, e lo aveva sempre saputo.

For all her childhood, she dreamt with her eyes **wide open** of flying to Australia, France or Japan, but now that she was eighteen, sometimes she felt like she needed more.

Per tutta la sua infanzia, aveva sognato ad occhi aperti di volare in Australia, Francia o Giappone, però, adesso che aveva diciotto anni, a volte sentiva di volere qualcosa in più.

She often said she wanted to leave her little town and move to a new country with her **backpack** as her only partner, but she never did that. She needed a push to find the courage and finally start living her adventure.

Infatti, diceva spesso quanto volesse lasciare la sua piccola città e trasferirsi in una nuova nazione con la sola compagnia del suo zaino, ma non lo aveva mai fatto. Aveva solo bisogno di una spinta per trovare il coraggio e iniziare finalmente a vivere la sua avventura.

So, one lazy summer day, here it came what she was waiting for.
Like every day, she started arguing with Samuel and Jack over the **remote control**, but Margot lost control of the TV. So, as angry as usual, she **complained** that she didn't have her personal space and **locked** herself in her room. She sat on her bed and looked out the window, waiting to see the same old trees, but something new happened.

Così, un pigro giorno d'estate, arrivò quello che aspettava.

Proprio come ogni giorno, iniziò a litigare con Samuel e Jack per il telecomando, ma perse il controllo della TV. Quindi, arrabbiata come sempre, si lamentò di non avere i suoi spazi personali e si chiuse in camera. Si sedette sul letto e guardò fuori dalla finestra, aspettandosi di vedere i soliti alberi, ma accadde qualcosa di nuovo.

For the first time in years and years of moments like this, she heard a distant **noise** and saw a big white aeroplane flying calmly over the sea of Sunny Side Beach.

Per la prima volta in anni e anni di momenti come questo, sentì un rumore lontano e vide un grande aereo bianco volare calmo sul mare di Sunny Side Beach.

It took her one second to imagine herself inside that aeroplane, ready to reach some new place with her backpack, maybe reading a book or looking out of the little window, **surrounded** by people she didn't know but were all directed at the same unknown place.

Le bastò un secondo per immaginarsi dentro quell'aereo pronta a raggiungere qualche posto nuovo con il suo zaino, magari leggendo un libro o guardando fuori dalla finestrella, circondata da persone che non conosceva ma che erano dirette verso la sua stessa meta sconosciuta.

She **realised** immediately that this was the moment she had always dreamt of and couldn't wait anymore to live it.
Now all she could think about was her trip.

Capì immediatamente che questo era il momento che aveva sempre sognato e che non poteva più aspettare per viverlo.
Adesso, tutto ciò a cui riusciva a pensare era il suo viaggio.

She started **collecting** all the information she needed: the best countries to visit, the **cheapest** plane tickets and even the most convenient **travel insurance**.

Iniziò a passare le giornate a raccogliere tutte le informazioni che le servivano: i migliori Paesi da visitare, i biglietti aereo più economici e persino l'assicurazione più conveniente.

After **gathering** tons of brochures and creating imaginary itineraries, she eventually decided to start her adventure from England. First, she would reach London, one of the cities she wanted to visit the most, and then spend some days in Liverpool and Manchester before **setting off** to Germany.

Dopo aver raccolto un sacco di volantini e creato alcuni itinerari immaginari, alla fine decise che avrebbe iniziato la sua avventura dall'Inghilterra. Per prima cosa avrebbe raggiunto Londra, una delle città che più voleva visitare, e poi avrebbe passato alcuni giorni a Liverpool e Manchester prima di partire per la Germania.

But it was only the beginning! Spain, Italy and Portugal were waiting for her too.

Questo era solo l'inizio! Anche la Spagna, l'Italia e il Portogallo la aspettavano.

However, Margot also realised that if she wanted to travel to Europe, she had to learn at least some of the languages they spoke in those countries, or she could never live this experience as she had always wanted to, so she **put herself into** it.

Però Margot capì anche che, se voleva viaggiare in Europa, avrebbe dovuto imparare almeno qualcuna delle lingue parlate in quei Paesi, o non avrebbe mai vissuto l'esperienza che aveva sempre voluto, così si mise all'opera.

At first, learning these new languages was difficult, as they were not as easy as English, but soon she **became familiar with** French, German, Spanish and even Italian.

Inizialmente fu difficile imparare queste lingue nuove, perché non erano semplici come l'inglese, ma molto presto divenne ferrata in francese, tedesco, spagnolo e persino in italiano.

Kelly was always the first to hear everything new she discovered, from the best pizza in Italy to the worst museum in France. She was happy to see her friend Margot **enthusiastic** about her **incoming** trip and was always ready to help her **organise** it.

Kelly era sempre la prima a sentire tutte le novità che scopriva, dalla miglior pizza in Italia al peggior museo in Francia. Era felice di vedere la sua amica Margot così entusiasta per il suo viaggio imminente ed era sempre pronta ad aiutarla per organizzare tutto.

As the days passed and the plan got more real than ever, Kelly became more **involved**, so it felt natural when Margot asked her to join her in this adventure.

Con il passare dei giorni, e a mano a mano che il piano diventava sempre più reale, Kelly vi era sempre più coinvolta, quindi sembrò del tutto naturale quando Margot le chiese di unirsi a questa avventura.

Finally, for the first time, Margot felt like she understood what happiness was like with her best friend by her side.

Finalmente, per la prima volta nella sua vita, Margot sentì di capire cos'era la felicità, con la sua migliore amica accanto a lei.

With her backpack and the map in her hand, she had everything she needed to set off and explore the world outside Sunny Side Beach.

Con il suo zaino e la mappa in mano, aveva tutto ciò di cui aveva bisogno per partire ed esplorare il mondo fuori da Sunny Side Beach.

«Kelly,» she said, «it's time to go.»
Their new life was ready to begin.

«Kelly» le disse, «è ora di andare.»

La loro nuova vita stava per iniziare.

Vocabulary

- Lovely: bello, grazioso
- To shine: brillare
- Attracted: attratto
- As well as: così come
- Lucky: fortunato
- Fur: pelo
- Dots: punti, puntini
- Daily: giornaliero
- To argue: discutere
- Unhappy: infelice
- Classmate: compagno/a di classe
- To travel abroad: viaggiare all'estero
- Trip: viaggio, gita, escursione
- To belong: appartenere
- Bookshop: libreria
- Wide open: spalancato
- Backpack: zaino
- Remote control: telecomando
- To complain: lamentarsi
- To lock: chiudere a chiave
- Noise: rumore
- Surrounded: circondato
- To realise: realizzare, capire
- To collect: raccogliere, collezionare
- Cheap: conveniente, economico
- Travel insurance: assicurazione di viaggio
- To gather: raccogliere
- To set off: partire
- To put into: impegnarsi, dedicarsi
- To become familiar with: familiarizzare, prendere confidenza, diventare ferrato in
- Enthusiastic: entusiasta

- Incoming: in arrivo
- To organise: organizzare
- Involved: coinvolto

Questions

1. What kind of town is Sunny Side Beach?

___

2. Why does Margot always argue with her two brothers?

___

3. What is her biggest passion?

___

4. Why is Margot unhappy?

___

5. What convinces her to start planning her adventure?

___

6. Which countries does Margot want to visit?

___

BILLY THE ENGINEER

BILLY L'INGEGNERE

The West Nine High School was the greatest in North Dakota, where teachers came from some of the most excellent universities, and students **struggled** all day to reach their parents' **expectations**.

La West Nine High School era la più grande scuola del Nord Dakota, dove gli insegnanti provenivano da alcune delle più eccellenti università e gli studenti si affaticavano tutto il giorno per soddisfare le aspettative dei loro genitori.

The school had high-quality teaching and **looked like** a military school. Many geniuses **had graduated** there before **attending** the most prestigious universities in the country and **establishing themselves** as the most brilliant minds of the century.

La scuola aveva un insegnamento di alta qualità e sembrava una scuola militare. Molti talenti si erano diplomati lì, prima di frequentare le più prestigiose università del Paese e affermarsi come le menti più brillanti del secolo.

Consequently, it was evident that the school's **principal** and the teachers **cared** a lot about their students and, most of all, their results.

Di conseguenza, era scontato che sia il preside che gli insegnanti della scuola si preoccupassero molto per i loro studenti e, soprattutto, per i loro risultati.

Also, they considered it an honour to work there and strongly believed they should help **shape** the next generation.

Inoltre, consideravano un onore lavorare lì e credevano davvero che avrebbero dovuto aiutare a plasmare la prossima generazione.

Therefore, they **tested** all the students once a week and often **warned** them with **punishments** when results were too low or, on the contrary, gave them little **awards** when they went fine.

Infatti, interrogavano tutti gli studenti una volta alla settimana e spesso li mettevano in guardia con delle punizioni quando i risultati erano troppo bassi o, al contrario, davano loro piccoli premi quando andavano bene.

Even if it was not the traditional way of teaching in a high school, they knew how to do their job, so almost all students were always ready for any exam and competed to win the week's prize.

Anche se non era il modo tradizionale di insegnare in una scuola superiore, sapevano come fare il loro lavoro, quindi quasi tutti gli studenti erano sempre pronti per qualsiasi esame e gareggiavano tra di loro per vincere il premio della settimana.

There was one student, though, who distinguished himself from the others. His name was Billy More, but he was also called "Billy the **Engineer**" because his classmates liked to **make fun of** him for a specific reason.

Tuttavia, c'era uno studente che si distingueva dagli altri. Il suo nome era Billy More, ma era chiamato "Billy l'Ingegnere" perché ai suoi compagni di classe piaceva prenderlo in giro per un motivo specifico.

First of all, Billy liked to specify that he was a great student: he was first in the class in both English and History, but he also had brilliant **grades** in Geography and Spanish, and he was even **considering** learning French.

Prima di tutto, Billy ci teneva a specificare che era un bravo studente: era il primo della classe sia in inglese che in storia, ma aveva anche ottimi voti in geografia e spagnolo e stava persino valutando l'idea di imparare il francese.

The problem was that all the talent he had for this sort of **subject**, he didn't have for others. In other words, poor Billy was completely **untalented** in Maths and wasn't that good during gym class either.

Il problema era che tutto il talento che aveva in questo tipo di materie, non lo aveva per le altre. In altre parole, il povero Billy era completamente negato in matematica e non era poi così bravo nemmeno durante la lezione di ginnastica.

Year after year, he studied every formula and **algebraic** rule with passion. Still, every time he tried to solve a problem, it was like numbers started speaking an **unknown** language to him, and it seemed like he couldn't do anything to understand what they said.

Anno dopo anno, studiava con passione ogni singola formula e regola algebrica. Tuttavia, ogni volta che cercava di risolvere un problema, era come se i numeri iniziassero a parlargli in una lingua sconosciuta, e sembrava che non potesse fare nulla per capire quello che dicevano.

He didn't care about maths, but he still had to pass the weekly tests.

La matematica non gli interessava ma, ovviamente, doveva pur sempre superare i test settimanali.

To solve this other problem, the previous year, he had started **skipping** the gym to study Maths to understand how fractions and radicals worked, but he still passed the weekly tests with the **bare minimum**, which wasn't enough.

Per risolvere quest'altro problema, l'anno precedente aveva iniziato a saltare la palestra per studiare matematica nel tentativo di capire finalmente come funzionavano le frazioni e i radicali, ma superava comunque i test settimanali con il minimo indispensabile, che non era abbastanza.

So his classmates started calling him "Billy the Engineer" because he looked like a crazy engineer, lost in his numbers and sitting alone during gym class.

Perciò i suoi compagni di classe iniziarono a chiamarlo "Billy l'Ingegnere", perché sembrava un ingegnere pazzo perso nei suoi numeri e seduto da solo durante la lezione di ginnastica.

However, this was Billy's last year at West Nine, and he had to make a change.
This time he decided to **crash** the tests: he would **play his cards right** and finally understand Maths.

Tuttavia, questo era l'ultimo anno di Billy alla West Nine e doveva fare qualcosa per cambiare. Questa volta decise che avrebbe passato alla grande i test: avrebbe giocato bene le sue carte e avrebbe finalmente capito la matematica.

Right after the first day of school, he felt full of energy and was **determined** to start the final level of the battle between the numbers and him.

Subito dopo il primo giorno di scuola, si sentiva pieno di energie ed era particolarmente determinato ad iniziare il livello finale della battaglia che c'era tra i numeri e lui.

Billy got back home and immediately opened the exercise book. He knew he could make it. He just needed more time than his classmates.

Billy tornò a casa e aprì immediatamente il quaderno. Sapeva che poteva farcela. Aveva solo bisogno di più tempo dei suoi compagni di classe.

On the first day, he confirmed his idea that numbers were like a secret language to him, a sequence of symbols that he couldn't understand no matter how much **effort** he put into it.

Il primo giorno confermò la sua idea che i numeri erano come un linguaggio segreto per lui, una sequenza di simboli che non riusciva a capire, a prescindere da quanto si sforzasse.

But he didn't lose hope. Instead, he wrote one exercise after another and repeated the fundamental formulas from the **previous** year.

Ma non perse la speranza. Scrisse un esercizio dopo l'altro e ripeté le formule fondamentali dell'anno precedente.

«I just need time», he repeated, «if I can learn French, why can't I understand Maths?»
This is how he **kept going** every day after school.

«Ho solo bisogno di tempo» si ripeteva «se riesco a imparare il francese, perché non riesco a capire la matematica?»
E così andò avanti tutti i giorni dopo la scuola.

After the first week, numbers were still incomprehensible to him.
He did the first weekly test of the year and passed it, but still, Billy wasn't **satisfied** with the results.
After the second week, he realised he remembered some of the formulas, but he still couldn't do anything about the exercises.

Dopo la prima settimana, i numeri erano ancora incomprensibili per lui.
Fece il primo test settimanale dell'anno e lo superò, ma Billy non era ancora soddisfatto dei risultati.
Dopo la seconda settimana, si rese conto di ricordare alcune delle formule, ma non riusciva ancora a combinare nulla con gli esercizi.

After a month of repeating exercise after exercise until night, Billy thought he should **get used to** being called "the Engineer" forever. However, he didn't know things were about to change.

Dopo un mese passato a ripetere un esercizio dopo l'altro fino a sera, Billy pensò che avrebbe dovuto abituarsi all'idea di essere chiamato "l'Ingegnere" per sempre. Tuttavia, non sapeva che le cose stavano per cambiare.

One evening, after finishing one of the extra lessons he was taking with a teacher, he was **exhausted**, but he tried anyway to solve the 20th math problem of the day.

Una sera, dopo aver finito una delle lezioni extra che prendeva con un insegnante, era esausto, ma cercò comunque di risolvere l'ennesimo problema di matematica del giorno.

He was about to fall asleep. He finished the exercise, wrote **aside** the final number – although he was already sure it wasn't right – and looked very fast at the result in the exercise book.

Stava per addormentarsi. Terminò l'esercizio, scrisse da parte il numero finale – anche se era già sicuro che non fosse giusto – e diede un'occhiata molto veloce al risultato scritto sul libro.

Then, almost for magic, he saw the same number. A black 24 was written in pen on his workbook, and another black 24 was printed on the exercise book. It was the first time it had happened to him.

Così, quasi per magia, vide lo stesso numero. Un 24 nero scritto a penna sul suo quaderno, un altro 24 nero stampato sul libro. Era la prima volta che gli succedeva.

He **stood** for a moment looking at it because he still didn't believe it. He finally made it! The first big step was done.

Si fermò un attimo a guardarlo, perché ancora non ci credeva. Finalmente ce l'aveva fatta! Il primo grande passo era fatto.

That night, he went to bed as happy as ever and felt like the world was in his hands for the first time. Maybe Billy just needed some **self-confidence**.

Quella notte, andò a letto felice come non mai e sentì per la prima volta che il mondo era nelle sue mani. Forse a Billy serviva solo un po' di fiducia in sé stesso.

After that night, everything changed for him, but Billy realised it only after many years. He learnt how to speak the language of numbers; he understood formula after formula, and his weekly tests got the best result in the class.

Dopo quella notte, tutto cambiò per lui, ma Billy se ne rese conto solo dopo molti anni. Imparò a parlare la lingua dei numeri, capì formula dopo formula e, soprattutto, i suoi test settimanali ottennero il miglior risultato della classe.

Billy More discovered something he would have never imagined, that Maths can be fun.

È così che Billy More scoprì qualcosa che non avrebbe mai immaginato, che anche la matematica può essere divertente.

And he thought it was so fun that, after he left West Nine High School, he decided he liked to be "Billy the Engineer" and **moved away** from his little town to study what Maths still had to teach him.

E pensò che fosse così divertente che, dopo aver lasciato la West Nine High School, decise che gli piaceva essere "Billy l'Ingegnere" e se ne andò dalla sua piccola città per studiare ciò che la matematica aveva ancora da insegnargli.

Vocabulary

- To struggle: affaticarsi
- Expectations: aspettative
- To look like: assomigliare, sembrare
- To graduate: diplomarsi, laurearsi
- To attend: frequentare
- To establish yourself: affermarsi
- Principal: preside
- To care: preoccuparsi, interessarsi, importare
- To shape: plasmare, dare forma
- To test: interrogare
- To warn: avvertire
- Punishment: punizione
- Award: premio
- Engineer: ingegnere
- To make fun of someone: prendere in giro qualcuno
- Grade: voto
- To consider: considerare
- Subject: materia
- Untalented: senza talento
- Algebraic: algebrico
- Unknown: sconosciuto
- To skip: saltare
- Bare minimum: minimo indispensabile
- To crash: superare con successo
- To play your cards right: giocare bene le tue carte
- Determined: determinato
- Effort: sforzo
- Previous: precedente
- To keep going: andare avanti, continuare
- Satisfied: soddisfatto
- To get used to: abituarsi a

- Exhausted: esausto
- Aside: a parte, in disparte
- To stand: stare in piedi
- Self-confidence: fiducia in sé
- To move away: andare via, allontanarsi, spostarsi

Questions

1. What is West Nine High School famous for?

    ____

2. What is Billy good at?

    ____

3. Why do Billy's classmates call him "Billy the Engineer"?

    ____

4. What does he do to solve his problem?

    ____

5. What happened one evening?

    ____

6. How does the story end?

    ____

BEING HAPPY

ESSERE FELICI

What does it feel like to be happy? Melinda knew it very well.

Come ci si sente ad essere felici? Melinda lo sapeva molto bene.

Melinda Grimes was a very sweet girl: twenty-one years old, with brown hair and green eyes, just graduated from high school, no university, and a passion for cats and books.

Melinda Grimes era una ragazza molto dolce: ventun anni, capelli castani e occhi verdi, appena diplomata al liceo, nessuna università e una passione per i gatti e i libri.

Melinda was an ordinary person, even **anonymous**, she wasn't **pretty**, but she wasn't ugly either.
She lived with her parents and dreamt of having a cat that she would call Aries or Moony, but her parents always told her: «First, find a job, buy yourself an apartment, and then you will have **plenty** of space for a cat.»

Melinda era una persona comune, persino anonima, non era carina ma non era neanche brutta. Viveva con i suoi genitori e sognava di avere un gatto che avrebbe chiamato Aries o Moony, ma i suoi genitori le dicevano sempre: «Prima trovati un lavoro, comprati un appartamento e poi avrai molto spazio per un gatto.»

She was the only one **among** her friends who didn't attend university. So she had never lived the **thrill** of **moving** to a new city and meeting new people full of stories and experiences to hear.

Era l'unica tra i suoi amici che non frequentava l'università. Quindi non aveva mai vissuto l'emozione di trasferirsi in una nuova città e incontrare nuove persone piene di storie ed esperienze da ascoltare.

She didn't know their friends' anxiety whenever they had a final exam, and she didn't realise how **emotional** it was for them to come back home for the Christmas holidays.
And yet, she did know what it was like to be happy.

Non conosceva l'ansia che i suoi amici provavano ogni volta che avevano un esame finale, e non capiva quanto fosse emozionante per loro tornare a casa per le vacanze di Natale.
Eppure, sapeva cosa significava essere felice.

She had a big passion in her life besides cats and books: she loved cooking. She knew a lot of **recipes**, and she was extraordinarily good at cooking desserts. It was **essential** for her, as she put body and soul into the food she cooked and how she treated it.

Aveva una grande passione nella sua vita, a parte i gatti e i libri: amava cucinare. Conosceva molte ricette ed era straordinariamente brava a cucinare i dolci. Era molto importante per lei, poiché metteva anima e corpo nel cibo che cucinava e nel modo in cui lo trattava.

Cooking was like a religious act to her: when she cooked, she liked to think that the food could feel her devotion to it.

Per lei la cucina era come un atto religioso: quando cucinava, le piaceva pensare che il cibo potesse sentire la sua devozione verso di esso.

Besides being a good cook, her greatest gift was reading someone's mind by looking at their face. As her friends often said of her, Melinda could read their minds so easily that it was like they were an open book.

A parte quello di essere una brava cuoca, il suo più grande dono era saper leggere la mente delle persone soltanto guardandole in faccia. Proprio come i suoi amici dicevano spesso, Melinda poteva leggere le loro menti tanto facilmente che era come se fossero un libro aperto.

Every time it **happened**, like when she could understand something they were thinking about or when she could **anticipate** something they were about to say, her friends **were amazed** by her **ability**. Melinda had started **believing** she was good at more than one thing.

Ogni volta che succedeva, come quando riusciva a capire qualcosa a cui stavano pensando o quando riusciva ad anticipare qualcosa che stavano per dire, i suoi amici rimanevano stupiti dalla sua abilità. Melinda aveva iniziato a credere di essere brava a fare più di una cosa nella vita.

So, after the end of high school, she had a lot of **free time** and very few people who could spend it with her.

Così, dopo la fine del liceo, si ritrovò con un sacco di tempo libero e pochissime persone che potessero trascorrerlo con lei.

After the first or second month spent reading and cooking, she decided it was time to find a job, and soon she started working as a **waitress** in a fast-food restaurant.
It was during her **shift** that she had an idea.

Dopo il primo o il secondo mese passato a leggere e cucinare, decise che era il momento di trovare un lavoro e poco dopo iniziò a lavorare come cameriera in un fast food.
Fu durante il suo turno che ebbe un'idea.

One day, after the restaurant closed, Melinda and the other **servers** were finally about to have dinner, and they were joking about the fact that she had magic power and read their thoughts.

Un giorno, dopo la chiusura del ristorante, Melinda e gli altri camerieri stavano finalmente per cenare, e scherzavano sul fatto che lei avesse poteri magici e leggesse i loro pensieri.

«Deep down, there's a real secret you're hiding!» said Mark joking.
«Do you want to bet on it?» answered Melinda. «I say I can guess what you all want to eat tonight just looking at you **straight** in the face. Let's start with you, Mark. I say… you want spicy **fries** with pink **sauce** and **onion rings**.»

«Sotto sotto ci nascondi davvero qualcosa!» disse Mark scherzando.

«Vuoi scommetterci?» rispose Melinda. «Secondo me riesco a indovinare cosa volete mangiare stasera solo guardandovi dritto in faccia. Iniziamo da te, Mark. Dico… che vuoi delle patate fritte piccanti con salsa rosa e degli anelli di cipolla.»

Mark looked at her, **astonished** as ever.

«I want those! How did you do it?»

«Well, that's my power.» said Melinda.

Mark la guardò stupito come non mai. «Li voglio davvero! Come hai fatto?»

«Beh, ecco il mio potere.» disse Melinda.

After Mark, all the other waiters asked her to do the same, and everyone ended up with the same reaction and eating exactly what they wanted.

Dopo Mark, tutti gli altri camerieri le chiesero di fare lo stesso e ognuno di loro finì con la stessa reazione e mangiò esattamente ciò che voleva.

It was such a weird ability that her **co-workers** got used to asking her frequently to play this new game and guess the food they wanted.
Sometimes they liked to make things more difficult to **challenge** her.

Era un'abilità così strana, che i suoi colleghi presero l'abitudine di chiederle spesso di giocare a questo nuovo gioco e indovinare il cibo che volevano.
A volte volevano rendere le cose più difficili per metterla alla prova.

One night, the restaurant was closed, and they challenged her to **guess** their food and cook it without saying a word. They were all in the kitchen, and Melinda had already guessed the first two **dishes** until their boss arrived.

Una notte, il ristorante era chiuso e l'avevano sfidata a indovinare il cibo e cucinarlo senza dire una parola. Erano tutti in cucina e Melinda aveva già indovinato i primi due piatti, finché non arrivò il loro capo.

«What is happening here?» he asked.
«Well, we were playing a game. Melinda has this weird ability, and she can guess what we want to eat, so we asked her to cook the food and give it to us before guessing.»

«Cosa sta succedendo qui?» chiese.
«Stavamo facendo un gioco. Melinda ha questa strana capacità e riesce a indovinare cosa vogliamo mangiare, quindi le abbiamo chiesto di cucinare il cibo e servircelo prima di indovinare.»

The principal didn't seem as angry as Melinda thought, but he got closer to the table to see her job.

Il direttore non sembrava arrabbiato come pensava Melinda, ma si avvicinò al tavolo per vedere il suo lavoro.

«I hope you can cook, apart from guessing the food.» he said to Melinda.
«Yes, sir.»
«Then, let's see what you can do. What do I want to eat tonight?»
Melinda looked at him for a moment, then took some **ingredients** and started cooking.

«Spero che tu sappia cucinare, a parte indovinare il cibo.» disse a Melinda.

«Sì, signore.»

«Allora, vediamo cosa sai fare. Cosa voglio mangiare stasera?»

Melinda lo guardò per un attimo, poi prese alcuni ingredienti e cominciò a cucinare.

After only ten or fifteen minutes, her boss was already **tasting** the sandwich she had prepared, and his eyes got **wider** and wider as he realised that it was exactly the recipe he had in mind.

Dopo solo dieci o quindici minuti, il suo capo stava già assaggiando il panino che aveva preparato e i suoi occhi diventavano sempre più sgranati a mano a mano che si rendeva conto che era esattamente la ricetta che aveva in mente.

«This is the most incredible sandwich I've ever had!» he told her after he finished it.
«I like this weird **skill** you have. Let me think about it and see if we can use it for the restaurant.»

«Questo è il panino più incredibile che abbia mai mangiato!» le disse dopo averlo finito.
«Mi piace questa strana abilità che hai. Fammici pensare e vedere se possiamo usarla per il ristorante.»

A couple of days later, he told her that he was so impressed he wanted to add a unique **feature** to the menu, where clients could pay extra and get a special sandwich made by her.

Un paio di giorni dopo le disse di esserne rimasto così colpito da voler aggiungere una sezione speciale nel menù, dove i clienti potevano pagare un extra e avere un panino speciale fatto da lei.

Melinda was **excited**. It was finally something that she could do, and she felt that staying there had been the right **choice**.

Melinda era entusiasta. Era finalmente qualcosa che era in grado di fare e sentì che rimanere lì era stata la scelta giusta.

What she saw in that opportunity was not just a new job at the fast food and a higher **salary** but the perfect chance to start **chasing** her real dream: opening a café where she could guess her clients' wishes and make them the **tastiest** desserts.

Ciò che vedeva in quell'occasione non era solo un nuovo lavoro al fast food e una paga più alta, ma l'occasione perfetta per iniziare a inseguire il suo vero sogno: aprire un bar dove poteva indovinare i desideri dei suoi clienti e servire loro i dolci più deliziosi.

Now her life felt different, and it was only the beginning of it.

Adesso la sua vita le sembrava diversa, ed era solo all'inizio.

Vocabulary

- Anonymous: anonimo
- Pretty: bello, carino
- Plenty of: molto, un sacco di
- Among: fra
- Thrill: emozione
- To move: trasferirsi
- Emotional: emozionante, emotivo
- Recipe: ricetta
- Essential: essenziale
- To happen: succedere
- To anticipate: anticipare, prevedere
- To be amazed: essere meravigliati
- Ability: abilità
- To believe: credere
- Free time: tempo libero
- Waitress: cameriera
- Shift: turno di lavoro
- Servers: camerieri
- Straight: dritto
- Fries: patatine fritte
- Sauce: salsa
- Onion rings: anelli di cipolla
- Astonished: stupito
- Co-workers: colleghi
- To challenge someone: sfidare qualcuno
- To guess: indovinare
- Dish: piatto, portata
- Ingredients: ingredienti
- To taste: assaggiare
- Wide: largo, ampio
- Skill: abilità, competenza

- Feature: caratteristica
- Excited: emozionato, eccitato
- Choice: scelta
- Salary: salario, paga
- To chase: inseguire, rincorrere
- Tasty: gustoso, buono

Questions

1. What are Melinda's biggest passions?

____

2. What is her greatest gift?

____

3. Where does she find a job?

____

4. What happens one night with her co-workers after the fast-food closes?

____

5. How does her boss suggest using her ability?

____

6. What kind of café does she decide to open?

____

A COLD WINTER

UN FREDDO INVERNO

The winter was always cold in Scotland, it was something everybody knew. However, if you were used to that cold, you also knew how to **fight** it: you could drink hot chocolate or tea every day, wear two pairs of socks and always keep a warm **sweater** in the **closet**.

L'inverno era sempre freddo in Scozia, lo sapevano tutti.

Tuttavia, se eri abituato a quel tipo di freddo, sapevi anche come combatterlo: potevi bere cioccolata calda o tè ogni giorno, potevi indossare due paia di calzini e tenere sempre un maglione caldo e pulito nell'armadio.

Tammy Jones knew these unwritten rules well, and she liked to repeat them to her children from time to time, especially when they spent many hours far from her and she could not be there to help them.

Tammy Jones conosceva bene queste regole non scritte e le piaceva ripeterle ai suoi figli di tanto in tanto, soprattutto quando passavano molte ore lontano da lei e lei non poteva essere lì ad aiutarli.

In her little town, she was known for being too **apprehensive** and wanting to **control** her children too much.

Nella piccola città in cui vivevano era conosciuta per essere troppo apprensiva e per voler controllare troppo i suoi figli.

It was true that she might have repeated the “Winter Rules”, as she called them, **one time too many**, but it was better one time more than one time less, wasn’t it?

Era vero che forse aveva ripetuto le "Regole invernali", come le chiamava lei, una volta di troppo, ma era meglio una volta in più che una in meno.

Tammy didn’t see herself as an apprehensive mother but an **ordinary** mom who cared about her children and liked **ensuring** they were safe when she was not with them.

Tammy non si considerava una madre apprensiva, ma come una normale mamma che si preoccupava per i suoi figli e amava assicurarsi che fossero al sicuro quando non era con loro.

So, she was trying to **ignore** this gossip. The town where they lived was **tiny**, and people liked to **speak behind everybody else’s back**, whether it was about their best friend, their **niece** or their favourite school teacher.

Quindi cercava di ignorare questi pettegolezzi. La città in cui vivevano era piccola, e alla gente piaceva parlare male di tutti, non importa che fosse del loro migliore amico, della loro nipote o della loro insegnante di scuola preferita.

If there was something to say, you could be sure that sooner or later, someone would say it. Consequently, after the first time she heard all those **rumours** about her and how she **raised** her children, Tammy got used to it and just decided that it was better if she **stopped** listening to what they said and kept living her life as she had always done.

Se c'era qualcosa da dire, potevi star sicuro che prima o poi qualcuno l'avrebbe detta.
Di conseguenza, dopo aver sentito le prime volte tutte quelle voci su di lei e sul modo in cui cresceva i suoi figli, Tammy vi si abituò e decise che era meglio smettere di ascoltare quello che dicevano e continuare a vivere la sua vita come aveva sempre fatto.

Another reason to ignore all the rumours was that Tammy was very happy with her life. So there wasn't anything to change, especially her **behaviour**.

Un altro motivo per ignorare tutte quelle voci era che Tammy era molto felice della sua vita. Quindi non c'era niente da cambiare, specialmente il suo comportamento.

She had two children, one called Loris, who was seven years old, and another one called Pam, who was seventeen.

Aveva due figli, uno chiamato Loris che aveva sette anni, e un'altra chiamata Pam che aveva diciassette anni.

She also had a husband many years ago, when Loris had just started to walk, but he had disappeared **out of the blue**, leaving her to raise their kids all by herself.

Aveva anche un marito molti anni fa, quando Loris aveva appena iniziato a camminare, ma se n'era andato all'improvviso, lasciandola da sola a crescere i loro figli.

So, every morning Tammy got up, made breakfast for her and the children, **tidied** the house, got dressed, and drove Loris and Pam to school, ensuring they had their lunch in their backpacks.

Quindi, ogni mattina Tammy si alzava, preparava la colazione per lei e i bambini, riordinava la casa, si vestiva e accompagnava Loris e Pam a scuola, assicurandosi che avessero il pranzo nello zaino.

While doing all these things, she knew someone was probably talking about her, but she **hoped** it would end one day or another.

Mentre faceva tutte queste cose, sapeva che probabilmente qualcuno stava parlando di lei, ma sperava che un giorno o l'altro avrebbero smesso.

However, one woman, in particular, looked at Tammy every time she went out of the house. Her name was Catherine, and she lived on the other side of the street.

Tuttavia, c'era una donna in particolare che guardava sempre Tammy ogni volta che usciva di casa. Si chiamava Catherine e viveva dall'altra parte della strada.

Tammy had started noticing very strange behaviour from Catherine: she seemed angry with her because she looked at her badly on the street and tried to **avoid** her.

Tammy aveva iniziato a notare un comportamento molto strano da parte di Catherine: sembrava arrabbiata con lei, perché la guardava male per strada e cercava di evitarla.

The first time she noticed it, Tammy was very **surprised**. What had she done that could **upset** her so much? But she couldn't talk to Catherine since she was behind the window of her kitchen.

La prima volta che se ne accorse, Tammy rimase molto sorpresa. Cosa aveva fatto che poteva averla turbata così tanto? Tuttavia, non poteva parlare con Catherine, dato che si trovava dietro la finestra della sua cucina.

The second time, she surprised Catherine by looking at her at the supermarket while she was buying vegetables. Her eyes were angry as if Tammy was her worst **enemy**. But again, she was already in the parking lot and didn't go back inside. The third time, in the same week, she saw her **driving** her car and giving her the same angry look.

La seconda volta, sorprese Catherine a guardarla al supermercato mentre stava comprando le verdure. I suoi occhi erano arrabbiati come se Tammy fosse la sua peggior nemica. Ma anche in questo caso, era già nel parcheggio e non tornò dentro. La terza volta, nella stessa settimana, la vide che guidava la sua auto e che la guardava nello stesso modo arrabbiato.

She tried to ignore this situation as long as possible, but it was a bit **scary** because she **worried** about her children. Then, one day, Loris and Pam returned home and told her: «Mom, why is Mrs Dunphy looking at us from the window?»

Cercò di ignorare questa situazione finché poté, ma le faceva un po' paura perché si preoccupava per i suoi figli. Poi un giorno Loris e Pam tornarono a casa e le dissero: «Mamma, perché Mrs. Dunphy ci guarda dalla finestra?»

She immediately saw Catherine looking at her, then disappearing behind the **curtains**. Once and for all, she decided it was time to end this weird situation and understand what was happening. She **crossed** the street and **knocked** on the door.

Tammy vide subito Catherine che la guardava, per poi sparire dietro le tende.
Decise una volta per tutte che era il momento di porre fine a questa strana situazione e capire cosa stesse succedendo. Attraversò la strada e bussò alla porta.

«Hi Catherine, sorry to **bother** you. I have a **quick** question for you, what is happening exactly? Why are you looking at me like that?»
«I don't know what you're talking about,» Catherine answered while she **stepped back** to close the door. Tammy put a hand on the door and kept talking.

«Ciao Catherine, scusa se ti disturbo. Ho una domanda molto veloce per te, cosa sta succedendo esattamente? Perché mi guardi così?»
«Non so di cosa stai parlando.» rispose Catherine, mentre faceva un passo indietro per chiudere la porta. Tammy mise una mano sulla porta e continuò a parlare.

«You know very well what I mean. It's been two weeks now. Every time we meet outside, you look at me like I did something terrible to you! What is it?»
«Then you don't know.» she said.

«Sai benissimo cosa voglio dire. Sono due settimane ormai che ogni volta che ci incontriamo fuori mi guardi come se ti avessi fatto qualcosa di terribile! Qual è il problema?»
«Allora non lo sai.» disse lei.

«I was sorry for what the **neighbours** said about you, and I invited you to my house with all the other mothers from Loris' elementary school. I sent invitations for almost a month, but you never answered and completely ignored that I wanted to help you. You've been very **rude**, Tammy!»

«Mi dispiaceva per quello che i vicini dicevano di te e ti avevo invitato a casa mia con tutte le altre mamme della scuola elementare di Loris. Ti ho mandato inviti per quasi un mese, ma non hai mai risposto e hai completamente ignorato il fatto che volevo aiutarti. Sei stata molto scortese, Tammy!»

Tammy immediately remembered all the letters placed next to the door of her house, which she always forgot to read since she was too busy **minding** her children.

Tammy si ricordò subito di tutte le lettere lasciate accanto alla porta di casa sua, che si dimenticava sempre di leggere perché era troppo occupata a badare ai suoi figli.

«Catherine, I'm so sorry. I've never read those invitations because all I could think about were Pam and Loris. Maybe the neighbours are right. I am so **focused** on them that I can't do anything else. So please invite me once again, and I promise you'll **forgive** me!»

«Catherine, mi dispiace tanto. Non ho mai letto quegli inviti perché riuscivo a pensare solo a Pam e Loris. Forse i vicini hanno ragione. Sono così concentrata su di loro che non riesco a fare altro. Per favore, invitami ancora una volta, e ti prometto che mi perdonerai!»

Fortunately, Catherine decided to **trust** her one more time, and a couple of days later, Tammy received a letter from her. She could not miss it this time.

Fortunatamente Catherine decise di fidarsi di lei ancora una volta, e un paio di giorni dopo Tammy ricevette una lettera da lei. Questa volta non poteva mancare.

However, Tammy realised it was also the first time she left her kids alone to go somewhere else, but in the end, Loris and Pam were not kids anymore.
So, it was time to take care of herself.

Tuttavia, Tammy si rese conto che era anche la prima volta che lasciava i suoi figli da soli per andare da qualche altra parte, ma dopotutto Loris e Pam non erano più bambini.

Era il momento di prendersi cura di sé stessa.

Vocabulary

- To fight: combattere, lottare
- Sweater: maglione
- Closet: armadio
- Apprehensive: apprensivo
- To control: controllare
- One time too many: una volta di troppo
- Ordinary: ordinario
- To ensure: assicurare
- To ignore: ignorare
- Tiny: minuscolo, piccolo
- To talk behind someone's back: sparlare di qualcuno
- Niece: nipote (femmina, di zii)
- Rumour: pettegolezzo
- To raise someone: crescere, educare qualcuno
- To stop: fermare, smettere
- Behaviour: comportamento
- Out of the blue: all'improvviso, dal nulla
- To tidy: riordinare
- To hope: sperare
- To avoid: evitare
- Surprised: sorpreso
- To upset: turbare, sconvolgere
- Enemy: nemico
- To drive: guidare
- Scary: spaventoso
- To worry: preoccuparsi
- Curtains: tende
- To cross: attraversare
- To knock: bussare
- To bother: infastidire
- Quick: veloce, rapido

- To step back: fare un passo indietro
- Neighbours: vicini di casa, vicinato
- Rude: maleducato
- To mind: occuparsi, pensare
- To focus: concentrarsi
- To forgive: perdonare
- To trust: fidarsi

Questions

1. What do the "Winter Rules" say?

   ____

2. What do Tammy's neighbours say about her?

   ____

3. Why does Tammy ignore the rumours?

   ____

4. How old are her children?

   ____

5. Why is Catherine upset with her?

   ____

6. What does Tammy do in the end?

   ____

A MATTER OF DESTINY

UNA QUESTIONE DI DESTINO

Some say we are all destined to do something, like writing the next best seller of the year, finding the cure to cancer, or finding our **soul mate**. In other words, there's a **reason** why we are on Earth.

C'è chi dice che siamo tutti destinati a fare qualcosa, come scrivere il prossimo best seller dell'anno, trovare la cura per il cancro o trovare la nostra anima gemella. In altre parole, c'è una ragione per cui siamo sulla Terra.

You could see it as a **truth** or a way to accept your life, but one person strongly believed in it. His name was Jimmy Jim, and he believed in destiny.

Potresti vederla come la verità o solo come un modo per accettare la tua vita, ma c'era una persona in particolare che ci credeva fortemente. Si chiamava Jimmy Jim e credeva nel destino.

Jimmy Jim was thirty-one years old and lived alone; he would have liked to have dogs but was allergic to them, so he had a rabbit named Hummus that he loved very much.

Jimmy Jim aveva trentun anni e viveva da solo; gli sarebbe piaciuto avere dei cani ma ne era allergico, quindi aveva un coniglio di nome Hummus a cui voleva molto bene.

Something **interesting** about Jimmy Jim was that he worked in a **nursing home** and was the **guest**'s favourite **employee**. It's not that he was better than his co-workers since all he had to do during his shift was serve breakfast and take guests for a walk in the garden, but he was almost the only one who seemed to care about their lives.

Una cosa interessante su Jimmy Jim era che lavorava in un ospizio ed era il dipendente preferito di tutti gli ospiti. Non che fosse migliore dei suoi colleghi, dato che durante il suo turno tutto ciò che doveva fare era solo servire la colazione e portare gli ospiti a fare una passeggiata in giardino, ma era quasi l'unico che sembrava interessarsi delle loro vite.

Every time he could, Jimmy Jim asked them about every **topic** he could think of, from their past **experiences**, to how they had reached happiness or their favourite food.

Ogni volta che poteva, Jimmy Jim chiedeva loro cose su ogni argomento che gli passasse per la mente, dalle loro esperienze passate, a come avevano raggiunto la felicità o al loro cibo preferito.

He was genuinely interested in their answers, but the real reason why he was so curious was that Jimmy Jim thought that every one of us has a reason to be alive and that our job is to find it. And he felt that learning from all these lives would help him understand his own and find his life **path**.

Era davvero interessato alle loro risposte, ma il vero motivo per cui era così curioso era che Jimmy Jim era convinto che ognuno di noi ha un motivo per essere vivo e che il nostro compito è quello di trovarlo. E pensava che imparare da tutte queste vite lo avrebbe aiutato a capire la propria e a trovare il proprio percorso di vita.

Jimmy Jim had something in mind; even his most **affectionate** guests knew it.

In realtà, Jimmy Jim aveva qualcosa in mente e anche i suoi ospiti più affezionati lo sapevano.

He didn't have any particular talent – he had tried with no success playing the guitar, writing a **novel** and building a little wooden house for his rabbit – but he thought he was pretty good at helping others. Maybe his life path was **assisting** people in **finding** their own.

Non aveva un talento particolare – aveva provato senza successo a imparare a suonare la chitarra, a scrivere un romanzo e a costruire una casetta di legno per il suo coniglio – tuttavia pensava di essere abbastanza bravo ad aiutare gli altri. Forse il suo percorso di vita doveva essere quello di aiutare le persone a trovare il proprio.

Consequently, day by day, this idea had become stronger and stronger, and now he felt that a good way to realise it was to open an **employment office**.

Di conseguenza, giorno dopo giorno, questa idea era diventata sempre più forte e ora sentiva che un buon modo per realizzarla era aprire un ufficio di collocamento.

He knew it seemed like a **silly** dream, but the more he thought about it, the more he liked the idea of helping someone find a way to be satisfied in life. Also, he was thirty-one and knew he couldn't work in the nursing home forever. He needed something more.

Sapeva che sembrava un sogno stupido ma, più ci pensava, più gli piaceva l'idea di aiutare qualcuno a trovare un modo per essere soddisfatto nella vita. Inoltre, aveva trentuno anni e sapeva di non poter lavorare nella casa di riposo per sempre. Aveva bisogno di qualcosa di più.

At first, Jimmy Jim was so curious about this **perspective** that he started collecting some information, like a place he could **rent** or some reference that could help him create the business, but, as with every other dream, it was hard to reach.

In un primo momento, Jimmy Jim era così curioso da questa prospettiva che iniziò a raccogliere alcune informazioni, come un posto che poteva affittare o qualche raccomandazione che potesse aiutarlo a iniziare l'attività, ma, come ogni altro sogno, era difficile da raggiungere.

The problem was that he couldn't find the **courage** he needed to **quit** his job at the nursing home and start a new life.

Il problema era che non riusciva a trovare il coraggio di cui aveva bisogno per lasciare il lavoro alla casa di riposo e iniziare una nuova vita.

Even if he tried not to think about it, it was scary for him and every time he felt he could do it, he also asked himself: "What if it's not something for me?"

Anche se cercava di non pensarci, tutto ciò gli faceva paura e ogni volta che pensava di potercela fare, si chiedeva anche "E se non fosse adatto a me?"

So, Jimmy Jim was **stuck** in a life that was **comfortable** but couldn't live forever. He was **conscious** that he needed to start living as he wanted to, and this thought tormented him. However, as Jimmy Jim always said, sometimes it's just a **matter** of destiny.

Quindi, Jimmy Jim era bloccato in una vita che considerava comoda, ma che non poteva vivere per sempre. Era consapevole del fatto che aveva bisogno di iniziare a vivere come voleva, e questo pensiero lo tormentava.
Tuttavia, come diceva sempre Jimmy Jim, a volte è solo una questione di destino.

One summer morning, he spoke with one of his favourite guests, an old man who had travelled all around the world and told him about the time when he lived somewhere in Asia for a year.

Una mattina d'estate, parlò con uno dei suoi ospiti preferiti, un vecchio che aveva viaggiato in tutto il mondo e che gli raccontò della volta in cui aveva vissuto da qualche parte in Asia per un anno.

As always, Jimmy Jim lost himself in his words and thought that he wanted to be like him, happy and **proud** of the stories he **shared**.

Come sempre, Jimmy Jim si perse nelle sue parole e pensò che volesse essere come lui, felice e orgoglioso delle storie che condivideva.

Jimmy Jim helped him to have breakfast and then decided to take a walk around the little garden of the nursing home. They walked alone through the trees and the **grass** until the old man's **grandson** arrived and started walking with them.

Jimmy Jim lo aiutò a fare colazione e poi decisero di fare una passeggiata intorno al piccolo giardino dell'ospizio. Camminarono da soli tra gli alberi e l'erba, fino a quando non arrivò il nipote dell'anziano e cominciò a camminare con loro.

He was a very young boy who had just graduated from high school, and he **joined** their walk to get some **advice** from his old grandpa.

Era un ragazzo molto giovane che si era appena diplomato al liceo e si unì alla loro passeggiata per avere qualche consiglio dal suo vecchio nonno.

He was struggling because his parents wanted him to go to university, but he didn't know how to tell them that his real dream was to go on tour with his band.

Stava avendo qualche difficoltà perché i suoi genitori volevano che andasse all'università, ma non sapeva come dire loro che il suo vero sogno era andare in tour con la sua band.

As he heard the boy, Jimmy Jim didn't lose one moment and did what he could do best. He started talking and told him how important it was to follow his dreams and not what his parents wanted for him just to **please** them. Maybe his destiny was singing and playing the guitar, but he had to try living it to understand if it was true or not.

Appena sentì il ragazzo, Jimmy Jim non perse un attimo e fece quello che sapeva fare meglio. Iniziò a parlare e gli disse quanto fosse importante che seguisse i suoi sogni e non quello che i suoi genitori volevano per lui solo per compiacerli. Forse il suo destino era cantare e suonare la chitarra, ma doveva provare a viverlo per capire se fosse vero o no.

Word after word, though, Jimmy Jim realised he wasn't speaking only to that boy, but to himself too.
How could he know if opening an employment office was a silly idea or if it was the right thing for him if he didn't **try** it?

Parola dopo parola, però, Jimmy Jim capì che non stava parlando solo a quel ragazzo, ma anche a sé stesso.

Come poteva sapere se aprire un ufficio di collocamento fosse un'idea stupida o se fosse la cosa giusta per lui se non ci provava?

Finally, he saw in the boy's eyes what he felt in his heart: the feeling that it was the right time to **risk** it all and start a new adventure.

Alla fine, vide negli occhi del ragazzo ciò che sentiva nel suo cuore: la sensazione che fosse il momento giusto per rischiare tutto e iniziare una nuova avventura.

Even the old man realised what was happening inside Jimmy Jim and looked at him, saying: «Go on, you know what to do.»

Anche il vecchio capì cosa stava succedendo dentro Jimmy Jim e lo guardò, dicendo solo: «Va', sai cosa fare.»

He had to do it before he could **regret** it. So he went back inside, met the principal and told him: «I quit.» as if he was saying he was going for lunch.

Doveva farlo prima che di pentirsene. Tornò dentro, incontrò il direttore e gli disse: «Mi licenzio.» come se gli stesse dicendo che stava andando a pranzo.

He ran back home, took all the information he had written down, called a couple of numbers and made some **appointments** to rent an office.

Quindi corse a casa, prese tutte le informazioni che aveva trascritto, chiamò un paio di numeri e prese degli appuntamenti per affittare un ufficio.

Now it was too late to go back. Jimmy Jim had no choice but to start living his dream.

Adesso era troppo tardi per tornare indietro. Jimmy Jim non aveva altra scelta che iniziare a vivere il suo sogno.

Vocabulary

- Soul mate: anima gemella
- Reason: ragione, motivo
- Truth: verità
- Interesting: interessante
- Nursing home: ospizio, casa di cura
- Guest: ospite
- Employee: dipendente, impiegato
- Topic: argomento, tema
- Experience: esperienza
- Path: percorso, sentiero, strada
- Affectionate: affezionato
- Novel: romanzo
- To assist: assistere
- To find: trovare
- Employment office: ufficio di collocamento
- Silly: sciocco
- Perspective: prospettiva
- To rent: affittare, prendere in affitto
- Courage: coraggio
- To quit: lasciare, mollare, licenziarsi
- Stuck: incastrato, incollato
- Comfortable: comodo
- Conscious: consapevole
- Matter: questione
- Proud: orgoglioso
- To share: condividere
- Grass: erba
- Grandson: nipote (maschio, di nonni)
- To join: unirsi, partecipare
- Advice: consiglio
- To please: compiacere, soddisfare

- To try: provare, tentare
- To risk: rischiare
- To regret: pentirsi, rimpiangere
- Appointment: appuntamento

Questions

1. What is Jimmy Jim's strongest belief in life?

____

2. Why is he the favourite employee in the nursing home?

____

3. What does he often do while he works?

____

4. What is his biggest dream?

____

5. Why is he scared?

____

6. And what convinces him?

____

THE LETTER

LA LETTERA

Mary Anne was a **promising** young woman who lived in England.

Mary Anne era una giovane donna promettente che viveva in Inghilterra.

She had a little house near London and lived with a cat called Mickey, who was her mum's but who now lived with her. He liked to play with Mary Anne's shoes and often looked at her books as if he was reading their words.

Aveva una piccola casa vicino Londra e viveva con un gatto che si chiamava Mickey, che era di sua madre, ma che ora viveva con lei. Gli piaceva giocare con le scarpe di Mary Anne e spesso guardava i suoi libri come se stesse leggendo le loro parole.

Even if she lived in the most **cosmopolitan** city in the world and was surrounded by new experiences and adventures every day, Mary Anne had quite a simple life that she **enjoyed** a lot.

Anche se viveva nella città più cosmopolita del mondo e ogni giorno era circondata da nuove esperienze e avventure, Mary Anne aveva una vita abbastanza semplice che le piaceva molto.

Her favourite part of the house was the little garden, which had a **spot** in the corner for Mickey and a few vegetables she was trying to **grow**.

La sua parte preferita della casa era il piccolo giardino, che conteneva un posticino nell'angolo per Mickey e alcune verdure che stava provando a coltivare.

However, the most important thing to say about her life was that Mary Anne graduated in Law and had a specific dream. She started studying **Law** at College because she dreamt of becoming the best **lawyer** in England and using her words to fight for the **environment**, an important subject for her, and **endangered species** that could not defend themselves.

Tuttavia, la cosa più importante da dire sulla sua vita era che Mary Anne era laureata in Giurisprudenza e aveva un sogno molto specifico. Il motivo per cui aveva iniziato a studiare legge all'università era che sognava di diventare il miglior avvocato in Inghilterra e di usare le sue parole per combattere a favore dell'ambiente, un argomento che era particolarmente importante per lei, così come per le specie in via di estinzione che non potevano difendersi.

To do it, she needed to start working **as soon as possible**, and it was not a **coincidence** that she was the best in her class and already knew everything she needed about her job.

Per farlo, aveva bisogno di iniziare a lavorare il prima possibile, e non era una coincidenza che fosse la migliore della sua classe e sapesse già tutto quello che le serviva sul suo lavoro.

When she was still at college, she often dreamt with her friends Lucy and Holly about working for the biggest **law firm** in London, in a place where everything was clean and elegant and where they could wear **heels** and **tight** skirts like those they watched in movies.

Quando era ancora all'università, spesso sognava con le sue amiche Lucy e Holly di lavorare per il più grande studio legale di Londra, in un luogo dove tutto era pulito ed elegante e dove potevano indossare tacchi e gonne strette come quelle che vedevano nei film.

They spent days and nights thinking about their future life and kept studying while they waited to start their **careers** finally.

Passavano giorni e notti a pensare alla loro vita futura e così continuavano a studiare, mentre aspettavano di iniziare finalmente la loro carriera.

However, they hadn't considered the most important thing. The problem was that, for everyone else, the three of them were just little fish in a giant **pond**, and finding the perfect job wasn't as easy as they imagined.

Tuttavia, non avevano considerato la cosa più importante. Il problema era che, per tutti gli altri, loro tre erano solo piccoli pesci in uno stagno enorme e trovare il lavoro perfetto non era così facile come immaginavano.

After graduating, the three of them all started looking for a job. Lucy, Holly and Mary Anne didn't lose one second collecting the best **references** about their working experiences and the documents regarding all the places where they had studied. Then they sent them to every law firm they knew, even those they had never heard of, from the most important one in England to the smallest one.

Subito dopo la laurea, tutte e tre iniziarono a cercare lavoro. Lucy, Holly e Mary Anne non persero un secondo a raccogliere le migliori raccomandazioni sulle loro esperienze lavorative e i documenti riguardanti tutti i luoghi in cui avevano studiato. Poi li inviarono a tutti gli studi legali che conoscevano e anche a quelli che non avevano mai sentito, dal più importante in Inghilterra al più piccolo.

Despite all these dreams, as weeks and months passed, they lost hope bit by bit: Holly found a job in a little **advertising firm** in Scotland that was impressed by her curriculum, while Lucy decided to stop her research and started working as a waitress.

Nonostante tutti questi sogni, con il passare delle settimane e dei mesi persero a poco a poco la speranza: Holly trovò un lavoro in una piccola agenzia pubblicitaria in Scozia che era rimasta colpita dal suo curriculum, mentre Lucy decise di interrompere la sua ricerca e iniziò a lavorare come cameriera.

Therefore, Mary Anne was left alone.
Her parents complained about her situation, but she didn't want to **surrender**, so she kept looking for the job she had always dreamt of.

Perciò Mary Anne rimase da sola.

I suoi genitori si lamentavano della sua situazione, ma lei non voleva arrendersi e continuò a cercare il lavoro che aveva sempre sognato.

First, she decided it was time to make some money and that she needed to find a job if she wanted to stay in London.

Prima di tutto, decise che era il momento di fare un po' di soldi e che aveva bisogno di trovare un lavoro se voleva rimanere a Londra.

Only after a couple of days, she started working as a waitress, but she did it just to pay the **bills** for her apartment and Mickey's food.

Appena dopo un paio di giorni iniziò a lavorare come cameriera, anche se lo faceva solo per pagare le bollette per il suo appartamento e il cibo di Mickey.

She started working the **whole** day, and every day, after she got home, she had a shower, drank a cup of tea and started writing letters and emails to both the new law firms she found and those she already knew.

Iniziò a lavorare tutto il giorno e ogni giorno, dopo essere tornata a casa, si faceva una doccia, prendeva una tazza di tè e iniziava a scrivere lettere ed e-mail sia ai nuovi studi legali che a quelli che già conosceva.

«You can never know if they change their mind!» she often said to Mickey.
«My previous letter could be lost. So it's always better to send another one. Anyway, someone's going to accept me one day or another. And remember: until they answer, keep writing.»

«Non si può mai sapere se cambiano idea!» diceva spesso a Mickey.

«La mia lettera precedente potrebbe essersi persa, è sempre meglio mandarne un'altra. Comunque, un giorno o l'altro qualcuno mi accetterà. E ricorda: finché non rispondono, bisogna continuare a scrivere.»

So she spent days and days equal, where she worked, ate, sent letters and worked again. But still, every day it passed became harder and harder.

Così passarono giorni e giorni l'uno uguale all'altro, in cui lavorava, mangiava, mandava lettere e lavorava di nuovo. Ma ogni giorno che passava diventava sempre più difficile.

She came to a point where she believed that she would never get out of it until, one day, something happened.
For the first time, Mary Anne **received** a letter.

Arrivò al punto in cui credeva che non ne sarebbe mai uscita, finché un giorno non accadde qualcosa.

Per la prima volta, Mary Anne ricevette una lettera.

It came from an international law firm that specialised in environmental matters and worked **worldwide** to fight for every endangered species and environment at risk.

Proveniva da uno studio legale internazionale specializzato in questioni ambientali che lavorava in tutto il mondo per combattere per qualunque specie e ambiente a rischio.

They were writing to ask her if she wanted to become their new **apprentice**.

Mary Anne read the letter again and then again, but she could still not believe it.
It was the job of her dreams!

Le scrivevano per chiederle se volesse diventare la loro nuova apprendista.

Mary Anne lesse la lettera una volta e un'altra volta ancora, ma non riusciva ancora a crederci.

Era il lavoro dei suoi sogni!

Mickey came closer as if he wanted to share the good **news**, but her eyes fell on the letter again and focused on one **sentence**.

Mickey si avvicinò, come se volesse condividere la buona notizia, ma gli occhi di lei ricaddero sulla lettera e si concentrarono su una frase.

The letter said that the team always moved from one country to another and asked her to follow them on a couple of missions for the whole **apprenticeship** to ensure she was ready for that kind of job.

La lettera diceva che il gruppo si spostava continuamente da un Paese all'altro e le chiedevano di seguirli in un paio di missioni per tutta la durata del tirocinio, per assicurarsi che fosse pronta per quel tipo di lavoro.

It was then that she looked at Mickey and realised that it was the work of her dreams, but that she had to leave something behind, from her little apartment to her plants, even to Mickey and his favourite food.
She had a week to think about it.

Fu allora che guardò Mickey e si rese conto che era davvero il lavoro dei suoi sogni, ma che doveva per forza lasciarsi qualcosa alle spalle, dal suo piccolo appartamento, alle sue piante, persino a Mickey e il suo cibo preferito.
Aveva una settimana per pensarci.

The following day, she went to work as usual, but she could already feel that there was something different. She thought that she didn't belong there anymore. She had always dreamt of becoming someone, and now she had the perfect occasion to do it.

Il giorno seguente, andò a lavorare come al solito, ma poteva già sentire che c'era qualcosa di diverso. Sentiva di non appartenere più a quel luogo. Aveva sempre sognato di diventare qualcuno e che ora aveva l'occasione perfetta per farlo.

She spent that week asking herself if she was ready to fly away from England and her whole life, but she also imagined fighting with body and soul for something she cared about.

Passò quella settimana a chiedersi se fosse pronta a volare via dall'Inghilterra e da tutta la sua vita, ma si immaginò anche di combattere con anima e corpo a favore di qualcosa a cui teneva davvero.

On the last day, she **grabbed** a pen and some paper, looked at Mickey and her **suitcase** in the **corner** and smiled. Finally, her dream was about to come true.

L'ultimo giorno, prese una penna e un foglio, guardò sia Mickey che la sua valigia in un angolo e sorrise. Finalmente il suo sogno stava per diventare realtà.

Vocabulary

- Promising: promettente
- Cosmopolitan: cosmopolita
- To enjoy: godere, piacere, gustare
- Spot: posto, punto
- To grow: coltivare
- Law: legge
- Lawyer: avvocato
- Environment: ambiente
- Endangered species: specie a rischio
- As soon as possible: il prima possibile
- Coincidence: coincidenza
- Law firm: studio legale
- Heels: tacchi
- Tight: stretto
- Career: carriera
- Pond: stagno
- References: referenze, raccomandazioni
- Advertising firm: agenzia pubblicitaria
- To surrender: arrendersi
- Bills: bollette
- Whole: intero, totale
- To receive: ricevere
- Worldwide: in tutto il mondo
- Apprentice: tirocinante, stagista
- News: notizia, notizie
- Sentence: frase
- Apprenticeship: tirocinio
- To grab: afferrare
- Suitcase: valigia
- Corner: angolo

Questions

1. Where does Mary Anne live?

   ____

2. In which subject is she graduated?

   ____

3. What is her life-long dream?

   ____

4. What do her best friends do?

   ____

5. What is the reason why she can't find a job?

   ____

6. What does the letter say?

   ____

A LIFE LESSON

UNA LEZIONE DI VITA

Life is made so you can ***overcome*** *difficulties and win.*

"La vita è fatta in modo che tu possa superare le difficoltà e vincere."

This is what Lizzie's mother told her every time Lizzie went back from school in tears to **complain** about that teacher who had **punished** her for no reason or that kid who had written all over her **notebook** just to make her angry.

Questo è ciò che la madre di Lizzie le diceva ogni volta che Lizzie tornava da scuola in lacrime per lamentarsi di quell'insegnante che l'aveva punita senza motivo o di quel bambino che aveva scritto su tutto il suo quaderno solo per farla arrabbiare.

"You can't be sad about all these things without trying to find a solution!" So Lizzie's mother said, but it wasn't easy.

"Non puoi essere triste per tutte queste cose senza cercare nemmeno di trovare una soluzione!" diceva la madre di Lizzie, ma non era per niente facile farlo.

No matter how **strict** this lesson was, Lizzie had **grown up** hearing it almost every day for about seven years, from when she was a little girl in elementary school to now, when she had just entered high school. And to be **fair**, she had learned it pretty well too.

A prescindere da quanto questa lezione fosse severa, Lizzie era cresciuta ascoltandola quasi ogni giorno per circa sette anni, da quando era una bambina alle elementari ad ora, che era appena entrata al liceo. E, ad essere onesti, l'aveva imparata anche abbastanza bene.

Now that she was fourteen, she had that sentence stuck in her head – with her mom's voice repeating it **in the background** – and she had gotten used to the idea of living her life as a series of difficulties and **obstacles** that she had to pass to reach her life-long dream.

Ora che aveva quattordici anni aveva quella frase fissa in testa – con la voce di sua madre che la ripeteva in sottofondo – e si era abituata all'idea di vivere la sua vita come fosse una serie di difficoltà e ostacoli che doveva superare per raggiungere il suo sogno nel cassetto.

As a matter of fact, like every other fourteen-year-old girl, Lizzie had a dream: she wanted to become a **writer**.

Infatti, come ogni altra ragazza di quattordici anni, Lizzie aveva un sogno: voleva diventare una scrittrice.

Lizzie had already written a few short stories and some **poems** in her secret notebook, even if she had never shown them to anyone, and most of her friends didn't even know she liked to write.

Lizzie aveva già scritto alcuni racconti e un po' di poesie sul suo quaderno segreto, anche se non le aveva mai mostrate a nessuno e la maggior parte dei suoi amici non sapeva nemmeno che le piaceva scrivere.

She truly believed that she was good at writing. She often read the stories she invented and liked everything about them, from how the story was told to how the **characters** developed through the pages.

Credeva davvero di essere brava a scrivere. Leggeva spesso le storie che inventava e le piaceva tutto di esse, dal modo in cui la storia veniva raccontata a come i personaggi si sviluppavano attraverso le pagine.

Sometimes she tried to **compare** them to the novels she liked the most, but the only bad thing she could find about her stories was her way of writing, which was too **weak** as if she was scared of writing the words on the page.

A volte cercava di paragonarli ai romanzi che più le piacevano, ma l'unica cosa negativa che riusciva a trovare sulle sue storie era il suo modo di scrivere, che era troppo debole, come se avesse paura di scrivere le parole sulla pagina.

Consequently, she felt very proud of what she could do and wanted to share it with her family and best friends. Still, whenever it seemed like the right moment to do it, she felt she was not ready and couldn't stop thinking things like: "What if I'm not as good as I **believe**?".

Quindi, si sentiva molto orgogliosa di ciò che sapeva fare e voleva condividerlo con la sua famiglia e i suoi migliori amici. Ma ogni volta che sembrava il momento giusto per farlo, sentiva che non era pronta e non riusciva a smettere di pensare cose come "E se non fossi brava come credo?".

So, while she waited for the right occasion, she **wished** someone would **discover** her secret and let her finally talk about her dream of writing a novel.

Così, mentre aspettava l'occasione perfetta, si augurava che qualcuno scoprisse il suo segreto e la lasciasse finalmente parlare del suo sogno di scrivere un romanzo.

But, as her mother always said, life is made so you can overcome difficulties and win.

She could never imagine how true it was.

Tuttavia, come diceva sempre sua madre, la vita è fatta in modo che tu possa superare le difficoltà e vincere. Non poteva immaginare quanto fosse vero.

One day, Lizzie was at school. It was mid-semester. She was walking through the hall while thinking that she had spent the first year of high school doing nothing but studying and studying again.

Un giorno, Lizzie era a scuola. Era metà semestre, stava camminando lungo l'ingresso mentre pensava al fatto che aveva trascorso il primo anno di liceo a non fare altro che studiare.

She hadn't written a single word in days in her notebook, and **lately,** she had the feeling that it was time for her to get out of her room and read her stories to somebody else.

Non scriveva una sola parola da giorni sul suo quaderno e ultimamente aveva la sensazione che fosse il momento di uscire dalla sua stanza e leggere le sue storie a qualcun altro.

It was like destiny heard her.
Lizzie reached the entrance, looked at the door and saw the drawing of a pen with a **call** to join the **writing contest**. They asked for a short story, and the winner would get a **place** in the **school newspaper**.
So here it was, the occasion she needed!

Era come se il destino l'avesse sentita.
Lizzie raggiunse l'entrata, guardò la porta e vide il disegno di una penna con un invito ad unirsi al concorso di scrittura. Chiedevano un piccolo racconto e il vincitore avrebbe ottenuto un posto nel giornale della scuola.
Ecco l'occasione che le serviva!

As she got closer to the paper, someone pushed her and **removed** it from the door. It was Betty, one of her classmates, who was first in class before Lizzie.

Mentre si avvicinava all'annuncio, però, qualcuno la spinse e lo tolse dalla porta. Era Betty, una delle sue compagne di classe, che era la prima della classe prima di Lizzie.

«Don't even think about it,» Betty said. «The **prize** is mine.» She walked away with the paper in her hand.
However, Lizzie was a **tough** girl who knew how to fight her enemies.

«Non pensarci nemmeno.» disse Betty. «Il premio è mio.» e se ne andò con il foglio in mano.

Tuttavia, Lizzie era una ragazza forte che sapeva come combattere i suoi nemici.

After meeting Betty, she returned home, sat at her desk, took a notebook and a pen, and waited for an idea.

Dopo aver incontrato Betty, tornò a casa, si sedette alla sua scrivania, prese quaderno e penna e aspettò un'idea.

She had to win that prize and had only two weeks to write the best short story she had ever done. So, she sat there for an hour but couldn't think of anything brilliant.
«Maybe I'm just tired. Tomorrow will be better.» she told herself.

Doveva vincere quel premio, e aveva solo due settimane per scrivere il miglior racconto che avesse mai fatto. Rimase seduta lì per un'ora, ma non riusciva a pensare a nulla di brillante.

«Forse sono solo stanca. Domani andrà meglio.» si disse.

The following day, though, her mind was still **empty**. So it went the second, the third day and the whole week. She only had some days left and still hadn't written anything, but she could never let Betty win.

Il giorno seguente, però, la sua mente era ancora vuota. Così passò il secondo, il terzo giorno e l'intera settimana. Le restavano solo alcuni giorni e non aveva ancora scritto nulla, ma non avrebbe mai potuto lasciare che Betty vincesse.

Lizzie realised she couldn't make it on the final day before the **deadline**.

She was sad as she had never been because, to her, it was more than a silly contest: it was what she needed to prove to herself that she was good at writing.

Lizzie capì che non ce l'avrebbe fatta l'ultimo giorno prima della scadenza.

Era triste come non lo era mai stata prima, perché per lei era più di una semplice gara: era ciò che le serviva per dimostrare a sé stessa di essere brava a scrivere.

So that morning, she went out to go to school and, while she was walking, she saw a **lonely** red bird flying on a tree.

"It looks like me," she thought. "It could be a bird who flies from city to city to find another bird as red as him and become his soul mate."

So, she realised that she had found inspiration for her story.

Quindi quella mattina uscì per andare a scuola e, mentre camminava, vide un uccello solitario rosso volare su un albero.

"Mi assomiglia" pensò. "Potrebbe essere un uccello che vola di città in città per trovare un altro uccello rosso come lui e diventare la sua anima gemella."

Così, capì di aver trovato uno spunto per la sua storia.

Lizzie spent the whole day at school writing notes and ideas about the story, and as she went back home, she ran into her room and took her notebook. This time, she immediately started writing.

Lizzie passò l'intera giornata a scuola a scrivere appunti e idee sulla storia e, mentre tornava a casa, corse nella sua stanza e prese il suo quaderno. Questa volta, iniziò immediatamente a scrivere.

She wrote and wrote again until night, and her short story was ready to be **delivered** by the following morning. After that day, Lizzie spent the worst time of her life waiting for the results.

Finally, her expectations were **rewarded**.

Scrisse fino a notte, e il suo racconto fu pronto per essere consegnato la mattina seguente. Dopo quel giorno, Lizzie passò il periodo peggiore della sua vita in attesa dei risultati.

Alla fine, le sue aspettative vennero ripagate.

Her short story, "A little red bird", was the best. Lizzie had just won her first literary prize and got a place in the newspaper!

«This is what I love to do», she said to herself. «Writing is my dream.»

Il suo racconto, intitolato "Un piccolo uccello rosso", fu il migliore. Lizzie aveva appena vinto il suo primo premio letterario e ottenuto un posto nel giornale!

«Questo è ciò che amo fare» disse a sé stessa. «La scrittura è il mio sogno.»

Vocabulary

- To overcome: superare
- To punish: punire
- Notebook: quaderno
- Strict: severo
- To grow up: crescere
- Fair: giusto, corretto
- In the background: in sottofondo, sullo sfondo
- Obstacles: ostacoli
- Writer: scrittore
- Poems: poesie
- Characters: personaggi di una storia
- To compare: paragonare
- Weak: debole
- To wish: desiderare
- To discover: scoprire
- Lately: ultimamente
- Call: invito, chiamata
- Writing contest: concorso di scrittura
- Place: posto
- School newspaper: giornale scolastico
- To remove: rimuovere
- Prize: premio
- Tough: forte
- Empty: vuoto
- Deadline: scadenza
- Lonely: solitario
- To be delivered: essere consegnato
- To be rewarded: essere ripagato, premiato

Questions

1. When does Lizzie's mom repeat her life lesson to her daughter?

   ____

2. What has Lizzie learned over the years?

   ____

3. What is her dream?

   ____

4. What is the occasion she has to show it?

   ____

5. Why is she blocked?

   ____

6. How does the story end?

   ____

A SECOND CHANCE

UNA SECONDA POSSIBILITÀ

It was always **hard** for Stacy **visiting** other people's places.
It's not that she had a problem with her friends or didn't like having **parties** with them, but she had a very **attentive** eye for how their houses were **decorated.**

Era sempre difficile per Stacy andare a trovare gli altri a casa loro.
Non è che avesse un problema con i suoi amici o che non le piacesse fare festa con loro, ma aveva un occhio molto attento per come erano arredate le loro case.

Stacy was twenty-five years old. She lived in a little apartment with her boyfriend Mark and their cat Twinkie and was **passionate** about interior design.

Stacy aveva venticinque anni. Viveva in un piccolo appartamento con il suo ragazzo Mark e il loro gatto Twinkie ed era appassionata di interior design.

She was into modernist **furniture** and what she enjoyed the most about her hobby was that, from time to time, she came back home with some silly new thing she had bought, like a weird **lamp** that looked like a mouse or a new **carpet** with the **shape** of a Greek statue.

Aveva una passione per gli arredamenti modernisti e ciò che le piaceva di più del suo hobby era che, di tanto in tanto, tornava a casa con qualche sciocchezza nuova che aveva comprato, come una strana lampada che sembrava un topo o un nuovo tappeto a forma di statua greca.

She had studied design at college, and that experience had left her with a particular obsession for details and space harmony. She just liked to see pieces of furniture that **matched** one another to create a **balance** in their space, which could be a **living room**, a kitchen or a bathroom.

Aveva studiato design al college e quell'esperienza l'aveva lasciata con una particolare ossessione per i dettagli e l'armonia dello spazio. Le piaceva vedere mobili che si abbinavano in modo da creare un equilibrio nello spazio in cui si trovavano, che fosse un soggiorno, una cucina o un bagno.

So, every time Stacy and Mark visited their friends, especially those that had never **shown** them their places, she couldn't help but **analyse** every object she saw and decide whether it was good or a piece of **trash**.

Così, ogni volta che Stacy e Mark andavano a trovare i loro amici, specialmente quelli che non li avevano mai ospitati, non poteva fare a meno di analizzare ogni oggetto che vedeva e decidere se fosse buono o meno.

Also, she wasn't even that good at **hiding** her emotions, and her expressions often **betrayed** her – like when she said that some new chair was beautiful, but she looked at it as if it was the worst thing she had ever seen.

Inoltre, non era nemmeno così brava a nascondere le sue emozioni, e le sue espressioni spesso la tradivano – come quando diceva che una nuova sedia era bella ma la guardava come se fosse la cosa peggiore che avesse mai visto.

Consequently, her friends often asked for her advice when they had to buy a new closet or just wanted to add a **touch** of elegance to the house, but what made her proud was their satisfaction when they saw the result.

Di conseguenza, i suoi amici spesso chiedevano il suo consiglio quando dovevano comprare un nuovo armadio o volevano semplicemente dare un tocco di eleganza alla casa, ma ciò che la rendeva orgogliosa era la loro soddisfazione quando vedevano il risultato.

After every **makeover**, her boyfriend always suggested that she start working in the field, as she was very good at it, instead of working in a **clothing store** as she did at the moment.

Dopo ogni rinnovo, il suo ragazzo le suggeriva sempre di iniziare a lavorare nel campo, dato che era molto brava, invece di lavorare in un negozio di abbigliamento come faceva al momento.

Stacy knew he was right and secretly wished it would happen someday, but she still hadn't found the right place for her.
One day, though, the right place found her.

Stacy sapeva che aveva ragione e segretamente sperava che accadesse un giorno, ma non aveva ancora trovato il posto giusto per lei.
Un giorno, però, il posto giusto trovò lei.

Stacy was about to finish her shift at the store when a friend called her and said they needed to talk. When they **met**, her friend was so excited that she didn't even know how to **explain** what she had to say.

Stacy stava per finire il suo turno al negozio, quando una sua amica la chiamò e le disse che dovevano parlare. Appena si incontrarono, la sua amica era così eccitata che non sapeva nemmeno come spiegare quello che aveva da dire.

«As you remember, you helped us change the furniture in our living room last month. Well, this afternoon, I had tea with a dear friend who works at Miles. She was amazed by the style of the furniture. She asked me if we did it. Of course, I told her it was you. I might have said something about you and your skills, and she offered you an internship. What do you think?»

«Come ben sai, il mese scorso ci hai aiutato a cambiare i mobili del soggiorno. Beh, questo pomeriggio stavo prendendo un tè con una mia cara amica, che guarda caso lavora da Miles, ed era stupita dallo stile dei mobili. Mi ha chiesto se l'avessimo fatto noi, ovviamente le ho detto che eri stata tu. Potrei averle detto qualcosa su di te e sulle tue capacità, e lei ti ha offerto un tirocinio. Cosa ne pensi?»

Stacy didn't know what to say. Miles was the biggest interior design company in the State.
«They just need a little **interview** and a practical test. You can't say no; I already accepted for you.»

Stacy non sapeva cosa dire. Miles era la più grande azienda di interior design dello Stato.
«Hanno solo bisogno di un piccolo colloquio e di un test pratico. In realtà, non puoi dire di no, ho già accettato per te.»

Stacy was so nervous the following day that she didn't even realise she was already at Miles.
A young woman **welcomed** her and said: «Here's how it works: you have a week to decorate an empty office in this building, and if it goes fine, we'll have the final interview.»

Il giorno dopo, Stacy era così nervosa che non si rese conto di essere già da Miles.
Una giovane donna la accolse e le disse: «Ecco come funziona: hai una settimana per decorare un ufficio vuoto in questo edificio e, se va bene, faremo il colloquio finale.»

The woman didn't even wait for an answer: she took her to the office, showed her a **storage room** where she could take the furniture and left her alone.
Why was everything going so fast?

La donna non aspettò nemmeno una risposta: la portò nell'ufficio, le mostrò un magazzino dove poteva prendere i mobili e la lasciò sola.
Perché stava andando tutto così veloce?

She had to do her best because this was the perfect chance, but the more she thought about it, the more she couldn't focus on her job. It was like she had never decorated a room!
She spent hours looking at chairs, tables and lamps, but none of them was **suitable** enough, in her opinion.

Doveva fare del suo meglio perché era l'occasione perfetta per lei, ma più ci pensava, meno riusciva a concentrarsi sul suo lavoro. Era come se non avesse mai arredato una stanza!

Passò ore a guardare sedie, tavoli e lampade, ma nessuno di essi era abbastanza adatto secondo lei.

After a stressful week that almost made her regret being there, she showed the room to Miles's senior manager, that was the most elegant middle-aged woman Stacy had ever seen.

Dopo una settimana stressante che la fece quasi pentire di essere lì, mostrò la stanza alla direttrice di Miles, che era la donna di mezza età più elegante che Stacy avesse mai visto.

She analysed the room for a few minutes, then asked, «Why did you even bother to come here? This room is so ugly I don't even want to put a foot in it.»

Analizzò la stanza per qualche minuto, poi le disse: «Perché ti sei disturbata a venire qui? Questa stanza è così brutta che non voglio nemmeno metterci piede.»

«Oh, I was just nervous. I can do better!» answered Stacy, but the woman was already walking away.
«Please, give me another chance!»
The principal stopped, **turned back** and walked into the room.

«Oh, ero solo nervosa. Posso fare di meglio!» rispose Stacy, ma la donna stava già andando via.

«Per favore, mia dia un'altra possibilità!»

La direttrice si fermò, tornò indietro ed entrò nella stanza.

«The chair looks old, the lamp doesn't match the desk, and that **rug** is horrible, but the **plant** looks nice. You have two days.» she said, leaving Stacy alone.

«La sedia sembra vecchia, la lampada non si abbina alla scrivania e quel tappeto è orribile, ma la pianta è carina. Hai due giorni.» disse, lasciando Stacy da sola.

The girl went back into the office. Now that she was looking at it, she realised it was ugly, the furniture wasn't **harmonious**, and the room looked smaller than it was.

La ragazza tornò nell'ufficio. Ora che lo stava osservando meglio, si rese conto che era davvero brutto, i mobili non erano armoniosi e la stanza sembrava più piccola di quanto non fosse.

She returned to the **basement**, took a deep **breath** and started again. Her test wasn't over yet.
She changed everything all over again, correcting all the mistakes she had made.

Tornò nel magazzino, fece un respiro profondo e ricominciò da zero. Il suo test non era ancora finito.

Cambiò tutto da capo, correggendo tutti gli errori che aveva fatto.

She chose lighter colours and **china closets** to make everything look transparent and clean.
Finally, she changed the rug and chose a better lamp.

Scelse colori più chiari e armadi a vetrina per far sembrare tutto trasparente e pulito.

Infine, cambiò il tappeto e scelse una lampada migliore.

Two days later, the senior manager was back in the office. This time she stepped in and sat on the chair. She touched the closets, turned on the lamp and walked on the rug.

Due giorni dopo, la direttrice era di nuovo nell'ufficio. Questa volta ci entrò e si sedette sulla sedia. Toccò gli armadi, accese la lampada e camminò sul tappeto.

«Now, this is the kind of room that I like. You still have a lot to learn, but you're in. Don't make me regret it. And please, stop being so nervous.»

«Sì, questo è il tipo di stanza che mi piace. Hai ancora molto da imparare, ma sei ammessa. Non farmene pentire. E per favore, smettila di essere così nervosa.»

Once again, Stacy didn't know what to say. She made it!
Anyway, she thought, sometimes a second chance is all we need.

Ancora una volta, Stacy non sapeva cosa dire. Ce l'aveva fatta!

Comunque, pensò, a volte una seconda possibilità è tutto ciò di cui abbiamo bisogno.

Vocabulary

- Hard: difficile
- To visit: visitare, andare a trovare
- Party: festa
- Attentive: attento
- Decorated: decorato
- Passionate: appassionato
- Furniture: arredamento, mobile
- Lamp: lampada
- Carpet: tappeto
- Shape: forma
- To match: abbinare, combinare
- Balance: equilibrio
- Living room: salotto
- To show: mostrare
- To analyse: analizzare
- Trash: spazzatura
- To hide: nascondere
- To betray: tradire
- Touch: tocco
- Makeover: rinnovo, ri-decorazione
- Clothing store: negozio d'abbigliamento
- To meet: incontrare
- To explain: spiegare
- Interview: colloquio, intervista
- To welcome: dare il benvenuto, accogliere
- Storage room: magazzino, ripostiglio
- Suitable: adatto
- To turn back: tornare indietro
- Rug: tappeto
- Plant: pianta
- Harmonious: armonioso

- Basement: magazzino, cantina
- Breath: respiro
- China closet: armadio a vetrina

Questions

1. What is something Stacy is very good at?

____

2. What does she do when she visits her friends?

____

3. What do her friends ask her from time to time?

____

4. How does she obtain an interview at Miles?

____

5. What does she do wrong the first time?

____

6. What does the senior manager say eventually?

____

FIGHTING AGAINST THE SEA

LOTTANDO CONTRO IL MARE

There was nothing Luke loved more than **surfing.**

He loved everything about it. The blue sea, the **waves** with the **thin** white line they left when they returned into the sea, the way his **suit** looked on him and the touch of the **surfboard** under his body.

Non c'era niente che Luke amasse più del surf.

Ne amava ogni cosa. Il mare blu, le onde con la linea bianca e sottile che lasciavano quando tornavano in mare, ma anche il modo in cui la sua tuta gli stava addosso e il tocco della tavola da surf sotto il suo corpo.

There was a special connection **between** the sea and him, and Luke had always felt proud of it as if it was a **gift** that the sea had given him and that he had to **keep** in his heart forever.

C'era un legame speciale tra lui e il mare e Luke ne era sempre stato orgoglioso, come se fosse un dono che il mare gli aveva dato e che doveva tenere nel suo cuore per sempre.

When he was **young**, surfing was everything he could think of, and the more he spent his time in the ocean of Australia, the more he saw surfing as a metaphor for life.

Quando era piccolo, il surf era tutto ciò a cui riusciva a pensare e, più trascorreva il suo tempo nell'oceano australiano, più vedeva il surf come una metafora della vita.

«Living your life is like being on a surfboard all the time.» he told his friends.
«You can swim easily when there are no **clouds** and when the **weather** is good, or you struggle and try to keep the surfboard attached to you so that you don't **fall** into the sea.

«Vivere è come stare tutto il tempo su una tavola da surf», diceva ai suoi amici.
«Si può nuotare facilmente quando non ci sono nuvole e quando il tempo è bello, oppure si lotta e si cerca di tenere la tavola attaccata in modo da non cadere in mare.

But the first is **boring**, and the second is **dangerous**. The balance is in the **middle**, when you fight the **giant** waves, but the sun is shining over you.»
He liked to make philosophical **speeches**, that was true, but he truly believed every word he said.

Ma la prima opzione è noiosa e la seconda è pericolosa. L'equilibrio è nel mezzo, quando si combattono le onde più grandi, ma il sole splende su di te.»
Gli piaceva fare discorsi filosofici, è vero, ma credeva veramente ad ogni parola che diceva.

He often didn't understand those who considered surfing a silly sport that you could do just if you were the **average** Australian boy with blonde hair and a **tan**.
However, in the last year, something changed Luke's mind forever about surfing.

Spesso non capiva quelli che consideravano il surf solo come uno sport sciocco che fai solo se sei il tipico ragazzo australiano con i capelli biondi e l'abbronzatura.
Tuttavia, nell'ultimo anno era successo qualcosa che aveva cambiato per sempre l'opinione di Luke sul surf.

One summer morning, he had **convinced** a friend to try surfing together. It was not the right day to do it because the weather was **getting worse**, but he could only think about the perfect waves he would find.
While they were surfing, though, something terrible happened.

Una mattina d'estate, aveva convinto un amico a provare a fare surf insieme. Non era il giorno giusto per farlo perché il tempo stava peggiorando, ma riusciva a pensare solo alle onde perfette che avrebbe trovato.
Mentre facevano surf, però, successe qualcosa di terribile.

The sea became more and more agitated, and it started **raining,** so Luke promised his friend that they would return to the beach after **catching** one last wave, but his friend got scared and tried to go back alone.
When Luke finally reached him, he found him **lying** on the sand with his eyes closed and not breathing.

Il mare divenne sempre più agitato e cominciò a piovere, così Luke promise al suo amico che sarebbero tornati in spiaggia dopo aver cavalcato un'ultima onda, ma il suo amico si spaventò e cercò di tornare da solo.
Quando Luke finalmente lo raggiunse, lo trovò sdraiato sulla sabbia con gli occhi chiusi; non respirava.

After that day, surfing was his biggest passion and his worst **nightmare.**
The incident with Jay and its terrible consequences had **turned off** something inside him.
He couldn't say if it were just a **sense of guilt**, but he was angry at the sea because it had betrayed his **trust** and had let that incident happen.

Dopo quel giorno, il surf fu sia la sua più grande passione che il suo peggior incubo.
L'incidente con Jay e le sue terribili conseguenze avevano spento qualcosa dentro di lui. Non sapeva dire se fosse solo il senso di colpa, ma era arrabbiato con il mare perché aveva tradito la sua fiducia e aveva lasciato che accadesse quell'incidente.

It had been almost two years since he had used his surfboard. He saw it in his room every morning, with its white and red **stripes**, but he never **dared** to grab it and take it back into the sea.

Erano quasi due anni che non usava la tavola da surf. La vedeva nella sua stanza ogni mattina, con le sue strisce bianche e rosse, ma non aveva mai il coraggio di afferrarla e riportarla in mare.

He didn't even go swimming anymore: the idea of surfing, swimming or just finding himself surrounded by water opened **deep** scars that he just wanted to **forget**.

Non andava più neanche a nuotare: l'idea di fare surf, nuotare o semplicemente ritrovarsi circondato dall'acqua apriva cicatrici profonde che lui voleva solo dimenticare.

It's not that Jay's **parents blamed** him for what happened; they were just boys who hadn't been **careful**, but still, his sense of guilt was so big that it made him **renounce** something important to him.

Non che i genitori di Jay lo incolpassero per quello che era successo, perché erano solo ragazzi che non erano stati attenti, ma il suo senso di colpa era comunque così grande che lo aveva fatto rinunciare a qualcosa di molto importante per lui.

On the other side, his parents knew what he felt, but they also knew he could have a brilliant career as a professional surfer, and they wanted him to go back on the surfboard. "You must get over it, because that's what Jay would have wanted." they used to say.

D'altra parte, i suoi genitori sapevano cosa provava, ma sapevano anche che poteva avere una carriera brillante come surfista professionista e volevano che tornasse sulla tavola da surf. "Devi superare la cosa, perché questo è ciò che avrebbe voluto Jay", gli dicevano.

Exactly two years after the incident, Luke looked at the sea. He realised he **missed** it more than he could even say and **imagined** a life where none of this had happened, and he was still surfing every morning like he used to do.

Esattamente due anni dopo l'incidente, Luke si ritrovò a guardare il mare. Si rese conto che gli mancava più di quanto potesse esprimere, e immaginò una vita in cui nulla di tutto ciò era successo e faceva ancora surf ogni mattina come prima.

He walked on the beach until a girl with a bunch of flyers passed next to him and gave him one.
Luke saw the drawing of a surfboard, but what he read upset him even more.
It was a **charity** surf **race** in memory of Jay.

Camminò sulla spiaggia, fino a quando una ragazza con un mucchio di volantini gli passò accanto e gliene diede uno.

Luke vide il disegno di una tavola da surf, ma quello che lesse lo sconvolse ancora di più.

Era una gara di surf di beneficenza in memoria di Jay.

Later that day, he discovered his parents had organised it to honour his friend and **push** Luke to live his life-long dream again.

Più tardi lo stesso giorno, scoprì che i suoi genitori l'avevano organizzata per onorare il suo amico e spingere Luke a vivere di nuovo il suo sogno di una vita.

Luke didn't know what to do. He wanted so badly to return to his old life and feel the touch of his surfboard again, but he wasn't sure he was ready to do it. What scared him the most was the idea of living the same risk again.
The race was at the end of the week.

Luke non sapeva cosa fare. Voleva così tanto tornare alla sua vecchia vita e sentire di nuovo il tocco della sua tavola da surf, ma non era sicuro di essere pronto a farlo. Ciò che lo spaventava di più era l'idea di vivere di nuovo lo stesso rischio.

La gara era alla fine della settimana.

Now that he had the chance to surf, he realised how much he missed it. Luke took all his suits from the wardrobe and **tried them on** to see if they still **fit** him. It was like nothing had changed.

Ora che aveva la possibilità di fare surf, capì quanto gli mancava. Luke prese tutte le sue tute dall'armadio e le provò per vedere se ancora gli andavano. Era come se niente fosse cambiato.

As he was looking at himself in the mirror, his mom entered the room and hugged him.
«I don't know if I'm ready, mom,» Luke said.
«You will never be ready, but you have to do it. You need to start living again.» she answered.

Mentre si guardava allo specchio, sua madre entrò nella stanza e lo abbracciò.

«Non so se sono pronto, mamma» disse Luke.

«Non sarai mai pronto, ma devi farlo. Devi ricominciare a vivere.» rispose.

On the day of the surf race, Luke was **nervous** as he had ever been.

He had spent all night **awake**, thinking about what to do, and eventually decided to join the race. He wore his best suit, his surfboard was clean and shiny, and he didn't have but to go into the sea.

Il giorno della gara di surf, Luke era nervoso come non era mai stato in vita sua.

Aveva trascorso tutta la notte sveglio e pensando a cosa fare, e alla fine aveva deciso di unirsi alla gara. Indossava la sua tuta migliore, la sua tavola da surf era pulita e lucida, non gli restava altro che andare in mare.

Finally, he took courage. The moment he touched the water, he started crying for everything he had been through, for Jay and himself. Then, he started swimming as fast as he could, riding his surfboard as if he had never stopped.

Alla fine, prese coraggio. Nel momento stesso in cui toccò l'acqua, iniziò a piangere per tutto quello che aveva passato, per Jay e per sé stesso. Poi iniziò a nuotare il più velocemente possibile, cavalcando la sua tavola da surf come se non avesse mai smesso.

He caught one wave after another. He cried and **laughed** at the same time.

As he returned to the beach, everyone ran to him and told him: «You did it!» and gave him a **cup**.

He couldn't believe it; he had just won the race!

Prese un'onda dopo l'altra, pianse e rise allo stesso tempo.

Ritornato in spiaggia, tutti gli corsero incontro e gli dissero: «Ce l'hai fatta!» e gli diedero una coppa.

Non riusciva a crederci, aveva appena vinto la gara.

He held the cup and screamed: «This is for you, Jay!»
At that moment, he realised that the sun was again shining on him.

Prese la coppa e gridò: «Questo è per te, Jay!»

In quel momento capì che il sole splendeva ancora una volta su di lui.

Vocabulary

- To surf: fare surf
- Wave: onda
- Thin: magro, sottile
- Suit: tuta
- Surfboard: tavola da surf
- Between: tra
- Gift: regalo, dono
- To keep: tenere
- Young: giovane
- Clouds: nuvole
- Weather: tempo meteorologico
- To fall: cadere
- Boring: noioso
- Dangerous: pericoloso
- Middle: mezzo, metà
- Giant: gigante
- Speech: discorso
- Average: medio, comune
- Tan: abbronzatura
- To convince: convincere
- To get worse: peggiorare
- To rain: piovere
- To catch: prendere, catturare
- To lay: giacere, sdraiarsi
- Nightmare: incubo
- To turn off: spegnere
- Sense of guilt: senso di colpa
- Trust: fiducia
- Stripe: striscia
- To dare: osare
- Deep: profondo

- To forget: dimenticare
- Parents: genitori
- To blame: incolpare, biasimare
- Careful: attento, prudente
- To renounce: rinunciare
- To miss: mancare, sentire la mancanza
- To imagine: immaginare
- Charity race: gara di beneficenza
- To push: spingere
- To try on: provare, provarsi
- To fit: adattarsi, andare bene, calzare
- Nervous: nervoso
- Awake: sveglio
- To laugh: ridere
- Cup: coppa

Questions

1. What is Luke's biggest passion?

   ____

2. What does he like about surfing?

   ____

3. What happened with Jay?

   ____

4. Why is he scared to surf again?

   ____

5. What do his parents do to convince him?

   ____

6. What decision does he make?

   ____

CONCLUSIONE

Caro lettore, siamo giunti alla fine del nostro viaggio!

Ci terrei molto a conoscere la tua opinione di questo libro attraverso una recensione su Amazon: il feedback dei miei lettori è estremamente importante e mi aiuta a migliorare costantemente.

Ti ringrazio e ti auguro buona fortuna!

PS: Scarica la guida gratuita "Come imparare una lingua straniera in sei mesi": un piccolo manuale che ti insegnerà step-by-step il metodo scientifico per apprendere qualsiasi lingua partendo (anche) da zero fino ad un livello avanzato.

Scannerizza il codice QR qui sotto per scaricarla!

ALTRI LIBRI DELLA STESSA AUTRICE

IMPARARE LO SPAGNOLO - 3 LIBRI IN 1

Un corso completo che ti guiderà nell'apprendimento della lingua spagnola, anche se sei un principiante. Comprende grammatica, esercizi, dialoghi, vocabolario con 2500 vocaboli e frasi, racconti in spagnolo con traduzioni parallele.

RACCONTI PER IMPARARE L'INGLESE (livello intermedio)

Una raccolta di dieci racconti avvincenti di livello intermedio per imparare l'inglese attraverso la lettura, in modo stimolante, spontaneo e divertente.

Scannerizza il codice QR per acquistarli su Amazon!

Printed by Amazon Italia Logistica S.r.l.
Torrazza Piemonte (TO), Italy

51621326R00239